오십이 지나도 재미있게 살고 싶다

오십이 지나도 재미있게 살고 싶다

초판 1쇄 2022년 03월 24일

지은이 채서윤 | **펴낸이** 송영화 | **펴낸곳** 굿웰스북스 | **총괄** 임종익

등록 제 2020-000123호 | **주소** 서울시 마포구 양화로 133 서교타워 711호

전화 02) 322-7803 | **팩스** 02) 6007-1845 | **이메일** gwbooks@hanmail.net

© 채서윤, 굿웰스북스 2022, *Printed in Korea*.

ISBN 979-11-92259-05-5 03190 | 값 **15,000원**

Even after 50 years

오십이 지나도 재미있게 살고 싶다

채서윤 지음

굿웰스북스

50대, 인생 후반전을 즐겁고 재미있게 살아가는 이야기

　나는 자녀 셋을 둔 아주 평범한 전업주부이다. 아이를 키우며 열심히 살았는데 아이는 혼자 큰 듯하고 가족을 위해 나 자신을 뒤로하고 아끼고 살아왔는데 이제 와 뒤돌아보니 후회되기도 하고 부족함도 많았음을 느낀다. 나이는 왜 이렇게 먹었는지 내가 할 수 있는 일이 많지 않았다. 할 수 있다는 자신감도 많이 줄고 용기도 사라졌다. 한동안 의욕도 없고 남은 인생 뭘 하고 지내야 할지 많은 고민을 하였다. 나이가 드니 능력도 쓸모도 없는 존재라는 생각도 들었다. 하지만 그동안 잘했든 못했든 열심히 살고 애써온 나를 인정해주기로 했다.

100세 시대, 50대는 인생의 허리인 중간 나이이다. 50대는 청춘에 지나지 않는다. 인생에서 아직 절반밖에 지나지 않았다. 성인 인생의 절반이나 남은 50대에는 나 자신을 위해 살아갈 준비를 해야 한다. 나 자신의 남은 삶을 준비하기 위해서 무엇을, 어떻게 준비해야 할까?

인생 후반은 건강한 몸과 마음으로 즐겁게 지내는 방법을 찾아 노력해야 할 것이다. 경제적으로 좀 더 윤택하게 살아갈 수 있는 방법에 관심을 기울이고 재테크에도 관심을 가져야 한다고 생각한다. 100세 시대가 재앙이 아니라 축복이 되려면 늦어도 50대에는 돈 공부를 시작하여야 한다는 생각이다. 아니 자본주의 사회에선 돈 공부는 늦은 나이가 없다고 생각한다. 통계에 의하면 노후를 돈 걱정 없이 살 수 있는 시니어는 18%에 불과하다고 한다. 50대는 지금 어떻게 준비하느냐에 따라 100세 시대 인생 후반전을 즐겁게 살 수도 있고 비참한 인생을 살 수도 있다.

정말, 육아와 가족을 위한 삶은 그 어느 일보다 힘겹기도 하였지만 살아가는 원동력이자 힘이 되기도 하였다. 성인이지만 아직 대학생인 아이 셋에 외벌이인 남편의 월급으론 여유로운 삶과 여유 있는 노후는 불가능하다는 생각이 들었다. 그렇다고 외벌이인 남편의 월급 중 얼마 정도를 나 자신을 위해 투자하는 것도 마음이 편치 않았다. 경력 단절이 오래되고 전업주부로 지내다 보니 할 수 있는 일도 많지 않았고 사회에 나갈 용기도 자신도 없었다. 하지만 기나긴 인생 후반전을 생각하면 이대로 넋놓고 있을 수만은 없었다.

그래서 인생 후반전을 시작하는 나를 위해 해야할 것들을 하나씩 생각해보기로 하였다. 나를 위한 삶을 살아가기 위해선 건강이 우선이고 그 다음이 경제적인 여유라는 생각이 들었다. 갑상선에 이상이 있는 나는 힘이 들면 살도 금방 찌고 힘든 일을 하면 금방 지쳐버린다. 일하다가도 잠이 쏟아지고 잠이 들어버린다. 내가 할 수 있는 범위에서 돈을 모아 부자의 길로 가기로 결심했다.

사회 활동을 하는 대신 내 능력껏 부자의 길로 가는 방법을 공부해보기로 했다. 매일 경제 공부, 즉 돈 공부를 한번 해보기로 마음먹었다. 부자의 삶을 닮아가고 싶었기 때문이다. 50대 전업주부도 충분히 마음만 먹으면 할 수 있다는 생각으로 마음을 바꿨다. 인생 전반전을 내가 아닌 가족 중심으로 살았다면 인생 후반전은 나 자신이 관심 있고 할 수 있는 방법을 찾아보기로 하였다.

나 자신의 의식을 더 성장시키고 나를 우선순위로 살아보자고 결심하였다. 오십 이후를 새로 태어나는 한 살이라고 정하고 인생을 다시 살아보자고 다짐하였다. 뭘 하여도 아이들 우선이고, 가족이 우선인 생활을 내 위주로 바꿔보았다. 집안일을 최소한으로 줄이고 먼저 경제 신문을 읽고, 재테크 관련 책을 보며, 재테크 커뮤니티에 관심을 가졌다. 돈 공부를 자꾸 반복해서 하고 관심을 기울이다 보니 경제의 흐름이 조금씩 보이고 들리기 시작했다. 옷에도 유행이 있듯이 부동산도 유행과 패턴과 흐름이 있었다. 체계적이거나 정확하지는 않지만 나만의 공부를 통해 흐름과 감각을 익힐 수가 있었다.

관심 가는 지역은 하루 종일 책과 자료를 찾아 검색해보고 두려움과 무서움을 참고 직접 가보기도 하였다. 처음에는 어렵기만 하던 경제 공부에 대한 재미도 느꼈다. '아, 이래서 이렇구나! 왜 그럴까?' 하는 궁금증도 생기고 하나하나 알아가는 재미도 붙었다. 국내 경제뿐 아니라 해외 경제 상황도 라디오나 유튜브에서 찾아 듣고 책을 보게 되었다. 아이들에게도 경제 공부는 필수라고 가르친다. 하루에 적어도 30분 정도는 공부하라고 말한다. 올바른 경제관념은 평생 자산이 될 것이다. 부자가 되기 위해서는 금융 문맹에서 벗어나야 한다. 한국인들의 금융 이해력은 스리랑카나 가봉 국민보다 뒤진다는 연구 결과가 있다.

전업주부가, 그것도 나이든 50대 전업주부가 대단하다고 말하는 사람들도 있고, 운이 좋아서 할 수 있었다고 말하는 사람들도 있다. 운도 따라야 하지만 나만의 공부가 되어 있어야 한다. 10분씩이라도 꾸준함이 중요한 것 같다. 공부가 되어 있지 않으면 투자할 때마다 이리저리 흔들리기 쉽기 때문이다.

경제 기사 한 줄을 읽더라도 꾸준함이 중요한 것 같다. 예전에도 좀 더 젊은 나이에 주식도 하고 나름 재테크 공부를 한다고 했지만 좀 하다가 귀찮으면 하다가 치우고, 생각나면 잠깐씩 보곤 하였다. 경제 공부에 나이는 아무런 문제가 되지 않는다. 매일매일 조금씩 경제 공부를 하다 보면 안 보이는 것이 보이기 시작하고 들리기 시작한다. 그리고 내가 사는 지역을 위주로, 내 여건에 맞춰서 투자하다 보면 어느새 조금씩 자신감도 생긴다. 똑똑하다고 투자를 잘하고 성공하는 게 아니다. 개인의 상황을 고려해서 스스로 어느 정도 투자에 대한 안목과 원칙을 갖춰야 한다. 특정 자산이 올랐을 때 이익 실현 타이밍을 잘 잡아 이익을 실현해야 한다. 경제 현상과 자신을 제대로 이해하고 투자를 한다면 좋은 결과를 얻을 수 있을 것이다. 어느 정도 경제적인 여유가 생기니 마음의 여유도 생기게 되었다. 지금은 내가 일을 하지 않아도 돈이 들어올 수 있는 수익 구조에 대해 공부하는 중이다. 부동산 공부, 즉 돈 공부는 나와 함께 계속 갈 것이다. 인생에서 돈이 전부는 아니지만 행복을 안겨주는 요소들과 관련이 있다. 돈이 없는 것보다는 돈이 가져다주는 행복이 훨씬 많을 것이다.

아침 시간을 좀 더 일찍 일어나는 것으로 바꾸고 매일매일 건강을 위해 운동을 한다. 부족한 나의 내면을 채우기 위해 독서와 자기계발에 힘쓴다. 50대부터는 오늘의 나를 즐기고 사랑하며 지금의 삶에 안주하지 말고 다시 할 수 있다는 자신감을 가져야 한다.

자식들을 키우고 가정을 위해 삶을 살아온 전업주부는 자녀가 성장한 뒤 더욱더 삶이 공허하게만 느껴질 것이다. 지금도 늦지 않았다. 이제부터 시작이라는 마음으로 인생 후반기의 삶을 하나씩 준비해나가자. 나 역시 처음에는 하고 싶은 것도 없었고 자신감도 바닥이었다.

작은 일부터 하나씩 도전하고 실천하고 성취하다 보니 나무가 가지를 뻗어나가듯 점점 하고 싶은 일들이 많아지고 자신감도 생기기 시작하였다. 내가 세운 목표액의 반 정도는 경제적으로 이룰 수가 있었다. 나의 버킷 리스트는 100억 벌기, 1,000평 정도의 땅을 사서 전원주택 짓기, 전원카페 하기, 아름답고 건강한 몸 만들어 바디 프로필 찍기이다. 이 꿈을 이루기 위해 차근차근 노력하고 있다. 건강을 위한 운동과 취미 활동을 하기, 꾸준한 부동산, 경제 공부를 하고 있는 중이다.

이 책을 통해 나이 때문에 자신감을 잃어가고 꿈을 향한 도전을 망설이는 주부들에게 조금이라도 용기와 힘을 주고 싶다. 나의 경험과 과정에서 얻은 지식을 조금이라도 나누고 싶고 도움이 되는 메신저가 되고 싶다. 누구나 마음만 먹으면 할 수 있다. 조금씩 차근차근 해나가보자. 꿈꾸기에 늦은 나이란 없다. 중년의 우리 주부들은 강하다. 다시 한번 제2의 인생을 재미있고 즐겁게 살아가보자. 아직 늦지 않았다.

지금까지 열심히 살아온 자신을 잘 살아왔다고, 고생 많았다고 인정하고 위로해주자. 인생 후반전은 나를 위해 더욱 열심히 꿈을 꾸고 도전하고, 성장하고, 멋지게 살아보자고 말이다.

목
차

1장 나는 지나온 삶을 후회하지 않는다

2장 재미있게 살다 보니 돈도, 행복도 생기더라

3장 나는 하루 1시간 투자로 인생을 바꾸었다

4장 이왕이면 즐겁게 행복하게 살고 싶다

나는

지나온 삶을

후회하지 않는다

행복도, 불행도 나의 선택이다

나는 아이 셋이 있는 50대의 아주 평범한 전업주부다. 막내까지 대학에 보내고 나를 뒤돌아보는 시간을 가져보았다. 정말 앞만 보고 열심히 살아온 것 같은데… 왜 이리 아쉬움과 미련이 남을까? 좀 더 이렇게 했더라면, 좀 더 알았더라면…. 정말 돌이키고 싶지 않은 실수와 아쉬움이 많다.

학창 시절에 보통의 20대와 같이 사랑하고 아파하다, 사랑 하나 믿고 남편과 결혼이란 걸 했다. 주변의 만류에도 그냥 사랑만 있으면 다 되는 줄 알았다. 직장은 구하면 되고 돈은 벌면 된다고 읊조리며 외진 동네에서 아주 용감히 결혼 생활을 시작했다.

처음엔 둘이 있는 것만으로도, 아르바이트를 하면서도 참 행복했다. 첫아이가 태어났을 때 천사가 하늘에서 내려온 것 같이 예뻤고 너무 감격해 심장이 터질 듯했다. 내 인생에서 가장 기쁜 순간이었다.

아이들을 좋아하는 나는 둘째, 셋째까지 가졌다. 먼저 아이들을 키워놓고 경제 활동을 하겠다는 생각으로. 하지만 인생이 생각대로 될 리가 없었다. 그때부터는 모든 것이 현실이었다. 아이 셋 육아가 얼마나 힘든지 몰랐던 것이다. 귀에선 윙윙거리는 소리가 나고 젖병을 잡은 팔에는 마비가 왔다. 44사이즈였던 몸은 100kg 가까이 불어났다. 아이들이 잠든 고요한 새벽이면 영원히 아침이 오지 않았으면 좋겠다는 생각을 했다.

그럴 만큼 난 엄청난 스트레스에 시달렸다. 부모님의 조언은 잔소리로 들리고, 별것 아닌 말도 부정적으로 받아들여졌다. 그렇게 낙천적이고 긍정적인 성격도 조금씩 변해갔다. 내가 힘이 드니 배려심도 사라지고 부정적으로 변해갔던 것 같다.

그래도 사랑하는 아이들을 보면서 긍정적으로 열심히 살면 다 되는 줄 알았다. 둘째를 낳고 남편이 안정된 직장에 들어갔지만 월급은 항상 부족했다. 아이가 셋이다 보니 아끼고 아끼며 살 수밖에 없었다. 나 자신은 아예 생각할 수가 없었다. 음식을 사도 질보다 양을 택하게 되었다. 물건을 사도 항상 가격을 확인하게 되었다. 어쩔 수 없는 현실이었다.

그러던 중에 내 마음속에 언젠가부터 꿈이 생겼다. 아니 말하고 다녔다. 물건을 살 때도, 음식을 사 먹을 때도 가격을 확인하지 않고 살 수 있고 먹을 수 있는 게 내 꿈이라고 말하고 다녔다. 돈이 많으면 서로 잘하는 것 하고, 서로 좋아하는 것 하고, 사랑하는 아이들에게 집중할 수 있을 텐데 하고 생각했다.

돈을 벌기 위해 일도 해보았지만 월급은 얼마 되지 않았고, 아이들은 방치되었다. 집에서 할 수 있는 주식 투자도 해보았다. 근처 도서관에서 주식 관련 책을 가득 빌려 공부하고 경제 TV 주식 방송을 보면서 투자해보았다. 수익은 생겼지만 만족하지 못했다. 상장 폐지라는 걸 당해보니 겁도 났다.

그러다 온종일 모니터를 보느라 갇혀 있는 게 싫증 나서 하던 주식 투자도 정리했다.

그러던 어느 날 대한민국에서 부자로 살려면 부동산과 사업은 필수라는 경제 관련 글을 보게 되었다. 이때부터 하루 1시간 정도 부동산과 경제를 꾸준히 공부하기 시작했다. 경제신문, 부동산 책, 경제 블로그, 유튜브 재테크 커뮤니티, 세계 경제 상황도 조끔씩 보게 되었다. 아무리 사랑하는 천사 같은 아이들이라도 경제적 여유가 없으면 미워하게 되고 나 자신도 부정적으로 되어간다는 것을 깨달았기 때문이다.

경제 공부는 똑똑한 사람들만의 전유물인 줄 알았다. 그런데 경제를 알아가고 도전하고 투자해보고 성공도 해보니 너무 재미있고 보람찼다.

김태광 작가의 『150억 부자의 부의 추월차선』이란 책 속에는 이런 글이 있다.

"내가 하는 생각은 비슷한 것들을 끌어당긴다. 의식 속에서 어떤 생각을 하든지 그것은 현실에 나타나게 된다. … 대신 마인드가 큰 사람은 욕망이 크다. 욕망은 비슷한 것들을 끌어당기게 된다. 그러면 그는 욕망을 실현하기 위한 일련의 행동을 할 것이다. 그렇게 하나하나 성취해나갈 것이다. 하루 세 끼를 먹는다는 만족을 넘어서 자아실현을 해나가고자 할 것이다. 부단히 자기계발을 할 것이다. 그 과정에서 자신을 빛나는 보석으로 거듭나게 할 것이다."

이런 글이 나에게 너무나 감명 깊게 와 닿았다. 좀 더 일찍 이 책을 만났더라면, 좀 더 일찍 세상을 알았더라면, 좀 더 일찍 경제에 대해 알았더라면 하는 아쉬움이 크다.

그러나 백세 시대를 사는 우리에게 시간은 우리 편이다. 우리는 충분히 젊은 나이다. 충분히 다시 시작할 수 있다. 이런 깨달음을 앞세워 이젠 자라서 20대가 된 내 아이들에게 경제 공부, 자기계발은 꼭 하루 1시간씩이라도 하라고 말한다.

여기에서 그치지 않고 나아가 자식 같은 젊은 세대에게 조금이라도 도움을 주고 싶다. 경제 공부, 자기계발은 필수라고 말하고 싶다. 우리 아이들 세대는 시행착오를 조금이라도 줄이고 좀 더 윤택하고 여유 있는 삶을 살아갔으면 하는 바람이다. 나와 같은 중년 주부도 공부하고 도전하면 충분히 여유롭고 행복한 삶을 살아갈 수 있는 세상이니.

2

충분히 다시 시작할 수 있다

과거가 얼마나 힘들었는지 상관없이 사람은 늘 오늘 다시 시작할 수 있다. 인생을 살다 보면 우리 모두는 기대하지 않는 실망스러운 일들을 경험하게 된다. 다시 시작하고 싶어도 할 수 있을까 두렵기도 하다.

친한 친구가 새롭게 사랑을 했다. 오랜 시간 알고 지냈던 사람과 연인이 되었는데 너무나 행복해 보였다. 생활에 활기가 돋았다. 친구가 오랜 기간 함께한 배우자와 이혼을 했기 때문이다. 남편의 외도로 울면서 하소연하였다. 아이 둘을 책임져야 하여 마음이 무겁고 힘들다고 하였다.

배신감에 너무 억울하고 분하다고 했다. 너무나 고통스러워 죽을 것만 같다며 믿었던 사람에게 배신을 당하니 아무도 못 믿겠다는 것이다. 친구는 한동안 슬픔에 빠져 아무 일도 하고 싶어 하지 않았다.

삶이 너무 허무한 것 같다면서 아무것도 먹지 않은 채 세상을 다 잃은 것 같다고 말하였다. 우리는 둘이 꼭 껴안고 밤새 울었다. 그랬던 친구가 다시 사랑을 시작한 것이다. 몇 년 동안 충분히 아팠다며 이제는 잊을 수 있고 사랑을 다시 시작할 수 있다고 하였다.

인생은 어느 때고 다시 시작할 수 있다고 생각한다. 세상을 살아가다 보면 누구에게나 크고 작은 고통과 시련이 온다. 누구는 오뚝이처럼 시련을 극복해 더욱 승승장구하는 반면 누구는 좌절해 무너지기도 한다.

당신은 무엇을 다시 시작하고 싶은가? 여행을 가고 싶은가? 새로운 일에 도전하고 싶은가? 새로운 취미를 배우고 싶은가? 예쁜 사랑을 하고 싶은가? 나는 가끔 스스로 묻는다. 젊은 시절 내가 원했던 삶을 살고 있는지. 나는 말한다. 지금이 좋다고, 젊었을 때로 돌아가고 싶지는 않다고. 인생은 내 의지와 상관없이 먼 길을 돌아서 왔지만 묵묵히 내 길을 걷다 보면 어떤 뜻이 있을 거라고 생각한다. 나의 계획보다 더 훌륭한 우주의 계획이 있을 거라고 생각한다. 좌절은 우리를 아프게 하고 슬픔은 우리를 울게 한다. '끊임없이 도전하고 성장하는 한 나이는 숫자에 불과' 하다.

해리 리버맨은 81세에 화가의 길을 시작하여 '원시의 눈을 가진 미국의 샤갈'이라 불리며 백한 살 나이에 스물두 번째 전시회를 가졌다. 그림 애호가들과 평론가들은 강렬한 원색, 현실과 이상을 넘나드는 자유롭고 신비스러운 화풍, 그의 천재성과 열정에 환호했으며 많은 사람들의 격려 속에서 죽을 때까지 수많은 그림을 남겼다. 그리고 그는 81세에서 101세까지가 내 인생의 가장 찬란한 시기였다고 말하면서 103세에 세상을 떠났다. 그는 "몇 년을 더 살 수 있을지 생각하지 말고, 어떤 일을 더 할 수 있을지 생각해보세요. 무엇인가 할 일이 있는 것, 그게 바로 삶입니다." 라는 명언을 남겼다.

사실 그의 직업은 화가가 아니었다. 일흔 살이 훌쩍 넘긴 나이에 시작한 그림은 그의 삶을 바꾸어놓았다. 늦은 나이에 시작한 새로운 일이 황혼 인생을 더욱 풍요롭게 해주었다. 늙어서 할 수 없는 것이 아니고 할 수 있다는 용기가 없을 뿐이다. 사람의 인생은 언제 끝날지 모른다. 많은 사람들이 새로운 삶을 꿈꾸지만 막상 새로운 일을 배우는 것도, 시작하는 것도 두려워한다. 누구나 한 가지는 잘하는 일은 있을 텐데 말이다.

노는 법을 아는 것은 행복한 재능이다.

– 랠프 왈도 에머슨(Ralph W. Emerson)

돈 버는 것 못지않게 노는 것도 중요하다. 걱정 없던 어린 시절이 지나고 어른이 되면 우리는 어린아이의 마음을 너무 많이 잊은 채 살아간다. 나이에 맞게 잘 놀아야 성공도 한다. 나이가 먹고 난 뒤에는 여행도 제대로 못 갔다고 후회와 푸념을 하는 경우를 보았다.

'좀 더 돈을 많이 벌면, 시간이 남으면 멋지고 근사한 곳으로 여행을 갈 거야.' 하고 생각한다. 물론 여유가 있을 때 여행 다니고 근사한 곳으로 가면 좋겠지만 젊었을 때 하고 싶은 여행을 다녀야 된다고 생각한다. 나이가 들면 체력이 달려 해외여행이 힘들게 되므로 한 살이라도 더 젊을 때 장거리 여행을 떠나보는 것이 현명할 것이다.

지금도 아이 어릴 때 저축과 여행 둘 사이 밸런스를 맞추고 여행을 다녀오길 잘했단 생각이 든다.

세상은 넓고 다양한 인생과 삶이 있다는 걸 직접 느끼고 눈으로 보고 오기 때문이다. 우물 안의 개구리에서 벗어나 나의 인생을 남과 비교하지 않고 더욱 소중함을 느낄 수 있을 것이다. 여행은 삶을 더 긍정적으로 바라볼 수 있는 에너지를 준다고 생각한다. 얼마의 돈보다 나의 인생, 나의 경험이 더 값진 인생이라고 생각한다.

지금도 오래전에 떠났던 여행이 잊히지 않고 생각난다. 지상낙원이라고 불리는 플리트비체의 신비로운 자연 경관, 영화 〈아바타〉의 배경이자 모티브가 된 곳으로 에메랄드빛 호수가 요정이 사는 곳처럼 아름다웠다는 기억이 난다. 체코 프라하성, 두브로브니크, 크로아티아, 블레드, 슬로베니아, 하롱베이 등 많은 여행으로 아이들과 함께한 시간이 내게 힘을 준다. 여행을 통한 경험과 시간이 삶을 더욱 풍요롭게 하였다.

여행도 좋고 취미생활도 좋고 내가 즐거워하고 질리지 않는 일을 찾아보는 것이다. 다시 시작한다는 것이 거창한 일들이 아니어도 된다. 아이들이 다 자란 지금은 나만의 좋아하는 일들을 해볼 것이다.

돈 잘 버는 남편을 만났다거나 자식이 좋은 대학을 갔다고 내가 성공한 삶을 살았다고 생각하지 않는다. 돈은 항상 넉넉하지가 않은 것 같다. 나이가 들고 무언가 시작하려면 점점 어렵게 느껴져서 못하게 된다. 한 살이라도 젊을 때 빨리 시작하면 좋겠다. 그냥 있는 자체로 즐기면서 재미있게 하다 보면 기회도 생길 것이다. 아이들이 어릴 때 내가 중요하게 느꼈던 가치 중 하나가 가족과 시간을 보내는 것이었다. 여행 통장을 따로 만들어 함께 떠나는 것이었다. 틀에 박힌 일상에서 벗어나 여행지에서 추억도 쌓고 아이들과 소중한 시간을 함께했다.

아이들이 성인이 된 지금은 나 자신을 우선순위에 두고 나 자신을 위한 삶을 살려 한다. 지금까진 가족을 위해 앞만 보며 살아왔다.

나를 찾고 싶다. 해보고 싶은 일을 하나씩 배워봐야겠다. 때로 인생을 다시 시작한다는 것은 마음가짐을 바꾸는 것처럼 간단한 일에서부터 시작되기도 한다.

매일 하루를 생활하면서 감사한 일들을 되돌아보자. 오늘 당장 나 자신을 위한 놀이를 해보자. 나 자신을 위한 놀이 투자는 많다. 운동, 공부, 독서, 쇼핑, 여행 등 자신이 해보고 싶은 것이 무엇이든지 생각나면 도전해보자.

한국 사회는 늙어가고 있다. 현대인들은 이전 어느 세대보다 더 오래, 더 풍요롭게 산다. 사회적으로나 가정적으로 시간적 여력이 많아진 어른들의 새로운 놀 거리를 찾아보자. 큰아들과 딸은 성인이 되어 자기 일에 몰두하고 막내아들은 군대 간 지 6개월이 지나간다. 아이들이 스스로의 삶을 살기 시작하면 엄마도 스스로의 삶을 시작할 때가 되었다.

친하게 지내는 친구가 "우리 새로운 취미를 가져보는 건 어떨까?" 하고 물었다. 수영은 너무 오래했으니 다른 취미 생활을 해보자는 것이었다. "난 살이 쪄서 허리가 돌아가지 않을까 봐 걱정이 돼. 창피하기도 하고."라며 걱정부터 하였다. 간단한 새로운 취미생활을 하는 자체도 용기가 나지 않았다. "그럼 같이 시작해볼까?" 같이 배우면 어색함이 덜할 것 같아 다음 날 같이 골프를 등록하기로 하고 헤어졌다.

다음 날 친구가 갑자기 아르바이트하러 오라고 연락이 와서 같이 못 배울 것 같다고 하였다. '나도 담에 배울까?' 망설이고 있으니 큰아들이 바로 결재하고 등록하는 게 좋을 것 같다고 하였다. 엄마는 돈 내고 등록하면 돈이 아까워서라도 악착같이 다닌다면서, 큰아들이 레슨 등록하는 데까지 같이 가주었다. 시작이 반이라고 등록하니 매일매일 조금씩이라도 레슨을 받고 연습하고 온다. 연습하니 새로운 재미가 있다. 예전의 나였다면 또 미루었을 것이다. '다음에 해야지.' 하고 이런저런 핑계를 대었을 것이다. 생각해보니 맘먹었을 때 바로 하는 것도 나쁘지 않았다.

우리 인생의 대부분을 차지하는 것은 이런 작은 결심들이다. 우리는 행동보다는 생각을 많이 하게 된다. 커다란 결심만이 중요하지는 않은 것 같다. 실생활에서 어렵지 않게 해볼 수 있는 작은 결심들을 행동으로 실천한다면 쌓이고 쌓여 좋은 결과를 얻을 수 있을 것이다.

내가 하고 싶은 것 하나를 선택하고 즐겁게 하면 된다. 매일 조금씩 내가 할 수 있는 일부터 찾아보자. 새로운 취미도 괜찮고, 새로운 일도 좋고 하고 싶은 일에 도전해보자. 우리는 충분히 다시 시작할 수 있을 것이다.

3

끊임없이 도전하고 공부하다

여자 나이 오십이 되면 어느 정도 여유가 생긴다. 아이들은 대학에 가거나 취업을 했을 것이다. 일 없이 24시간을 보낸다는 것은 너무나 힘든 일이다. 자식들은 모두 독립하고 남편과 둘만이 있는 공간이 어색하기도 하다. 하지만 둘이 있는 시간이 점점 많아진다. 아이 위주로 생활하다 보니 둘만의 시간에 뭘 하면서 보내야 될지 준비가 되지 않았다. 연애를 7년이나 하고 결혼한 지 25년이나 되었는데 마치 처음 만난 것처럼 둘이 뭐해야 할지 잘 모르겠다.

"여보, 우리 바람이나 쐬러 갈까?"

"영화나 보러 갈까?"

남편은 평일에 일했으니 주말은 쉬고 싶어 한다. 잠시 섭섭하고 짜증이 날 때도 있다. 처음엔 불평불만을 늘어놓았다. 왜 나를 이해하지 못하냐고, 이것도 못 해주냐고, 왜 하루 종일 집에만 있냐고, 심지어는 다른집 남편과 비교하면서 말이다.

남편은 좋아하는 게임과 영화도 보고 혼자 있는 시간을 즐기고 싶어한다. 아이들 어릴 때는 어쩔 수 없이 아이들 때문이라도 외식도 하고 여행도 다녔지만 이제는 그럴 필요도 없으니 혼자 있는 걸 즐기는 것 같다.

스물한두 살 때쯤 남편을 만나 7년 정도 만나고 결혼했다. 결혼해서도 남편 보호 속에서 살다 보니 혼자 하는 것이 불안하고 겁이 났다. 젊었을 때는 따뜻하고 태산 같았던 남편이 잘 삐지고 밴댕이 소갈머리처럼 속이 좁아 보인다. 다른 사람과 비교는 하지 말아야 한다.

비교는 괴로움으로 가는 지름길이다, 나 자신도 바꿀 수 없으면서 다른 사람이 바뀌길 바라는 것은 잘못된 생각이다. 생각을 바꾸기로 했다. 나 자신이 기쁨을 느낄 수 있는 안 해본 일부터 찾아서 해보자고 다짐했다. 아이들이 내 손을 떠난 나이, 나 혼자 살아가는 법을 배워야 한다. 아니, 의지하지 않고 소소한 것들부터 혼자 하는 것에 익숙해져야 한다.

어떻게 보내고 어떻게 지내야 할까 하고 생각하게 되었다. 지금까지 열심히 살아왔다고 생각하지만 인생에서 무언가가 빠진 듯한 느낌, 무언가가 채워지지 않은 느낌이 들 때가 있었다. 사랑을 알게 되는 나이가 되면 여자들은 대부분 사랑에 인생을 건다. 나 역시 그랬다. 20대 시절엔 사랑이 전부였고 내 꿈이 무엇인지에 대해선 별 생각이 없었다.

정신없이 아이들을 키우고 내가 뭘 좋아하는지 잊은 채 가족을 위해 시행착오를 거치면서 나름대로 최선을 다하면서 살았다. 남편 월급으로는 빠듯해 수익을 만들기 위해 노력도 해보았다. 그리고 미래를 위해 내가 뭘 잘할 수 있는지를 생각해보았다.

아이를 다 키운 늦은 나이에 나름 자격증 준비도 해보고 사회복지사도 도전해보고 간호조무사를 따서 병원에도 근무했다. 아이들 어릴 때는 보육교사 자격증을 따고 어린이집 취직도 잠깐 해보았다. 디자인 POP 자격증을 따고 도전해보았지만 역시 하루 종일 회사에 매여 있기가 벅찼다.

나이가 든 탓일까. 육아는 끝났지만 일하고 가정 일 하는 것도 만만치가 않고 힘들었다. 무엇보다 내가 원하는 내일의 삶이 아닌 것 같았다. 가끔 생각한다. '나의 인생은 어디쯤 와 있을까? 내가 무엇을 잘할 수 있을까?' 아직도 잘 모르겠다. 그렇지만 무엇에든지 도전하고 공부한 것에 대해선 뿌듯하다.

수시로 나 자신에게 질문을 던진다. 답이 없는 질문이다. 보이지 않는 나의 현실에 대한 답답함이다. 그럴 때마다 '난 무엇을 잘할 수 있을까?' 생각한다. 혼자 서기가 겁이 나고 혼자 하는 일에 자신도 없고 두렵다. 용기를 내서 커피숍에서 홀로 음악을 듣고 앉아서 생각해본다. 그 순간은 오로지 나만의 시간이다. 커피 한 잔의 여유가 행복이 되었다. 내가 의사표현을 하면 남편은 세상 물정을 모른다고 무시하곤 한다. 나는 늘 아이들과 가족들만을 우선순위로 생각하며 살았고 나 자신은 늘 뒷전이었다.

이제는 내 인생을 살고 싶다는 생각을 한다. 가족과 독립하고 오십부터 새로운 한 살을 선언하고 무엇에든지 새로이 도전하기로 했다. 부딪혀보자! 일도 해보기로 했지만 혼자서 세 아이 육아와 일을 병행하기가 쉽지만은 않았다. 아이 키울 때는 일단 일을 접었다.

아이에게 전념하기 위해 최선을 다했다. 최선을 다해 육아를 해보았지만 마음먹은 만큼은 잘되지 않았다. 열심히 살았지만 나 자신은 없었고 가족만을 위해 열심히 살아온 것 같다. 가족이 아닌 나 자신에 투자하고 나의 일을 한번 해보고 싶다. 중년 이후의 삶은 자유롭게 나 자신을 위해 나를 돌보며 살아보고 싶다. 취미생활도 하고 운동도 하고 같이가 아닌 혼자 독립된 삶을 살아보고 싶다.

용기가 필요하다. 일단 밥 혼자 먹기, 커피숍 혼자 가기, 영화관 혼자 관람하기, 지하철 혼자 타기 등 작은 일들을 혼자 해보기 시작했다. 딸아이를 학원에 태워주고 나서 가방에 책 몇 권과 노트북을 넣고 혼자 커피숍에 가서 책을 읽었다. 커피숍에서 따뜻한 커피 한잔과 혼자 책을 보고 글도 써보고 안 해본 것도 해보니 일상이 소소한 행복들로 가득 찼다.

커피 한 잔의 여유가 좋았다. 예전엔 아이들이 혼자 커피숍에 가는 것이 이해가 안 되었다. 돈이 아깝다는 생각에 '집에서 마셔도 되는 것을 왜 돈 들여서 커피숍에 앉아 있을까?'라고 생각했다. 요즘 젊은 사람들은 혼자 카페에 앉아 책도 보고 혼자만의 시간을 잘 즐기는 것 같다.

20대인 큰아이가 "엄마, 카페에 가면 몇천 원으로 차도 마실 수 있고, 음악도 들을 수 있고, 책도 볼 수 있고, 힐링되고 좋아요. 한 번만 혼자 가보세요."라고 했다. 한 번 해보니 어색하지 않고 좋았다. 집이 아닌 공간에서 나만의 혼자 있는 시간에 생각도 정리할 수 있었다. 오롯이 나만의 시간을 가질 수 있다는 것이 너무 좋다는 기분까지 들었다. 이제는 혼자 커피 마시고 책 읽고 멍 때리는 것도 일상의 하나가 되었다.

내가 해보고 싶은 일을 하나씩 해보고 있는 중이다. 인생에 있어 정답과 오답은 없다. 왜 사느냐가 아니라 어떻게 사느냐에 따라 행복은 오간다. 인생에 정답이 없듯이 행복에도 정답이 없다. 단지 이 순간을 마지막 날이라고 생각하고 지금 내가 하는 일을 즐기며 내 옆에 사람들을 사랑하며 사는 것이 행복이다.

내가 살던 지방에는 지하철이 없었다. 혼자서 지하철을 타는 것이 얼마나 무서웠던지. 하지만 한 번 해보니 별거 아니다. 이렇듯 나 자신을 위해 안 해본 것과 궁금한 것은 일단 도전해보고 공부한다. 처음엔 막막하지만 하다 보면 요령도 생긴다. 나이 들수록 새로운 것을 다시 시작한다는 것이 참으로 겁이 나고 어렵다.

시작이 반이다. 지금부터 시작이다. 우리 동네는 신도시라 도서관이 참 많다. 각 마을별로 특색 있게 도서관을 꾸며놓았다. 나도 여느 주부처럼 사람 만나고 수다 떠는 것을 참 좋아한다. 이런 일상도 좋지만 아침에 커피숍에서 커피 한잔을 마시고 책을 보고 점심을 먹고 도서관으로 향한다.

책을 읽는 독자에서 이제는 책을 쓰는 작가로의 삶에 도전해본다. 마음만 있다면 또 관심만 있다면 누구나 도전하고 공부하다 보면 익숙해지고 즐거워진다. 처음에는 막막하고 지루하고 따분할 수도 있다. 자기가 좋아하는 책을 읽다 보면 수다 떠는 것만큼 시간이 잘 가고 보람차다. 나도 내가 책을 이렇게 좋아하는 줄 몰랐다.

　학창 시절에도 책을 좋아하고 읽기도 했지만 결혼과 동시에 아기백과 도서나 육아 관련 도서, 아이들 교육 관련 책만 가끔 읽어보곤 했다. 사실 나 자신을 위한 책과는 거의 담을 쌓은 셈이다. 이제는 한두 번 도서관을 찾다 보니 책을 읽는 것이 취미가 되고 재미를 느끼게 되고 책을 써보자는 용기도 생겼다.

　지금부터 시작이다. 시작이 반이라는 말이 있듯이 도전하고 공부하다 보면 생각이 젊어지고 살아 있다는 느낌이 든다. 삶의 활력을 되찾는 기분이다. 새로운 하루가 시작되면 안 가본 도서관 탐방하기 등 새로운 도전이 나를 기다린다. 테마가 다른 도서관에서 책 읽는 재미가 너무 좋다. 도서관에서 책을 읽다 보니 하루가 너무 짧게 느껴진다.

　우리 집은 방이 네 칸이다. 부부 방, 큰아들 방, 딸 방, 막내아들 방. 막내아들이 군대 가고 나서 막내 방이 어느덧 나만의 공간이 되었다. 책들로 가득한 나만의 방, 아무렇게나 흐트러져도 좋다. 글 쓰고 싶을 때 글 쓰고 책 읽고 싶을 때 책 읽고 친구와 수다 떨고 싶을 때 전화로 하루 종일 수다를 떤다.

　나만의 공간 덕분에 세상을 다 가진 듯한 기분이다. 중년의 나이에 공부하고 책 쓰고 작가에 도전할 수 있는 삶이 나에겐 또 다른 축복이다.

불과 몇 달 전까지도 딸아이를 학원에 태워주고 집에 오면 힘들다는 이유로 거실 소파에 누워 아침 드라마를 보았다. 드라마 한 편을 보고 엄마들과 수다를 떨고, 아침 겸 점심을 먹으면 오전 시간이 훌쩍 가버렸다.

오후 시간 역시 운동 좀 하고 청소하면 저녁 준비할 시간이 되었다. 이 패턴대로 일과가 자리 잡아버린 것이다. 시간을 제대로 써보자. 이대로는 안 돼. 달라져야 해. 무엇인가 바꾸고 싶다면 '일단 행동하여보자.' 행동하지 않으면 아무것도 바뀌지 않는다. 지금은 아이 학원 갈 시간에 같이 가방을 챙겨 나와 도서관으로 향한다.

책을 보고 글 쓰는 작가로의 삶에 도전해본다. 시간을 최대로 아껴 쓰면서 말이다. 처음에는 힘도 들었다. 그렇지만 조금씩 나 자신이 변해가는 걸 느낀다.

스스로 믿는 마음만 있으면 언제든 인생을 다시 시작할 수 있다. 나이는 숫자에 불과하다. 지금부터라도 내 인생의 주인공은 나라는 사실을 잊지 말아야 한다.

내가 이 세상의 중심이다. 내가 행복해야 내 사랑하는 아이들과 가족들도 행복한 시선으로 볼 수 있다. 오늘, 아니 지금을 당장 인생의 전환점으로 만들어보자.

달라지고 싶다면 하고 싶은 일에 도전해보고 공부하여보자.

4

습관이 운명을 바꾼다

나는 결혼 후 전업주부로 살아왔다. 간간이 일도 해보았지만 연년생이나 다름없는 두 아이와 네 살 차이나는 막내아들을 키우면서 일하기엔 역부족이었다.

양가 부모님께서도 일로 바쁘셔서 아이들을 봐줄 수 없는 형편이었다. 혼자 아이 셋을 키우면서 일을 할 수 없는 상황이었다. 외벌이인 남편의 월급으로 살아가긴 빠듯한 월급이었다. 아이들을 어느 정도 키워놓고 경력 단절을 벗어나기 위해 여러 자격증을 따고 일도 해보았지만 가계에 많은 도움이 되지는 못했다. 전업주부인 나는 늘 남편 수입에 의존해 살아가는 것이 불안하고 아이들이 크고 나면 무얼 해야 할지 항상 걱정을 하곤 하였다.

자본주의 사회에서 원하는 삶을 살아가기 위해선 기본이 돈이라는 사실은 부정할 수 없다. 돈이 없으면 하고 싶은 일을 할 수 없고 돈에 맞춰 급급하게 삶을 살아가야 된다. 지금은 백세 시대라고 말한다. 그러나 오래 산다고 마냥 좋은 것만은 아니다. 건강하지 못하고 오래 산다는 것은 재앙이나 다름없다. 세 아이를 키우고 노후 대책을 생각하면 더 열심히 살아야 한다고 마음먹었다.

아이를 돌보며 돈을 벌어야 한다는 욕심에 주식 투자도 해보았다. 처음엔 용돈 벌이로 조금 해본다는 것이 점점 돈 단위가 커지게 되었다. 집 근처 도서관에서 주식 관련 책을 잔뜩 빌려서 읽고 주식 방송, 경제TV, 경제신문을 보면서 주식 투자를 하였다. 월급만 보고 살아가면 항상 생활이 궁핍한 삶에서 못 벗어날 것이라고 생각했다. 처음 주식 투자는 할 때마다 수익이 생겼다. '이렇게 쉽게 돈을 벌 수 있다니.', '주식 투자가 왜 이렇게 쉽지.' 돈 벌기 일도 아니라고 생각했다. 금방 돈을 벌 것만 같았다. 투자금도 점점 많아졌다. 아니나 다를까 하면 할수록 어려운 것이 주식 투자였다.

초보 투자자가 운이 좋아 몇 번 수익이 난 것이다. 그러다 지인이 권해준 주식을 공부도 하지 않고 돈 벌 욕심에 덜컥 사버린 것이 상장 폐지가 되었다. 몇천만 원의 돈이 숫자 0이 된 것이다. 처음에는 아무 생각이 없었다. 인터넷상에서 숫자로만 기록되니 실감이 나지 않았다. 반찬값 몇 백 원도 아끼면서 살던 나였기에, 얼마나 큰돈을 잃었는지 제대로 실감하지 못한 것이다. 철저히 공부하지 않고 분석하지 못하면 역시 돈 벌기는 쉽지 않다는 걸 깨달았다.

점점 주식 투자가 겁이 났다. 무엇보다 하루 종일 모니터만 보고 앉아 있자니 사람 사는 꼴이 말이 아니었다. 상장폐지도 당해보고 큰 수익은 못 냈지만 좋은 경험이라 생각하고 주식을 정리하고 빠져나왔다. 그러나 뭘 하면 돈을 벌 수 있을까 하는 생각은 항상 하였다.

돈을 벌기 위해선 경제에 관해 공부할 필요가 있다고 생각했다. 매일 밥 먹듯이, 잠자듯이 공부를 해보기로 했다. 생각은 행동을 낳고 행동은 습관을 낳으며 습관은 사람의 운명을 결정짓는다. "습관이 운명을 바꾼다."라는 말을 좋아한다.

습관이란 자신의 생각해 대해 실천한 행동이 반복적으로 몸에 밴 결과이다. 그러므로 평소에 좋은 습관을 만들기 위해서는 원칙에 따라 행하는 것이 중요하다. 사람을 보면 그 사람의 습관이 보이고 그 사람의 습관을 보면 그 사람이 어떤 사람인지 안다. 습관이란 인간으로 하여금 그 어떤 일도 할 수 있게 만들어준다.

습관을 바꾸려면 뇌에 새로운 회로가 생겨야 하는데 그러려면 평균 21일 정도가 소요된다고 한다. 뇌 과학자들의 연구 결과에 의하면 생각이나 의도를 하지 않아도 자동화되려면 약 두 달에서 백 일 정도가 걸린다고 한다. 인생은 곧 습관이다. 그러나 자신의 몸에 익숙한 나쁜 습관을 하루아침에 바꾸기란 여간 어려운 게 아니다.

새해 목표인 다이어트도 처음엔 열심히 하다가 중도에 포기하고 작심삼일로 끝나는 사람들이 대부분이다. 나 역시 그랬다. 새해마다 다이어트를 목표로 하지만 어느 정도 성공하면 요요를 겪어 포기하는 일이 대부분이었다. 식습관, 생활 습관 등 좋은 습관보다 나쁜 습관을 고쳐나가기란 정말이지 여간 어려운 일이 아니다. 누구나 행복하기를 원한다. 하지만 행복은 그리 쉽게 주어지지 않는다. 행복에도 노력이 필요하다. 안 바뀔 것 같은 운명도 노력으로 바꿀 수 있다.

우리의 습관도 익숙해지기 위해선 하나의 행동을 되풀이하면 하나의 습관이 된다. 일단 습관이 형성되면 그 사람은 그 습관에서 벗어나기가 힘들기 때문에 좋은 습관을 만들어야 한다. 스스로 변화시키고 싶다는 의지만 있다면 불가능한 일은 없다고 생각한다.

자신의 능력을 얼마나 믿는가에 의해 좌우된다. 많은 사람들은 예기치 못한 상황에 부딪혀야만 비로소 자기 자신을 돌아보게 된다.

하지만 삶을 바꾸기 위해선 아주 작은 습관에서부터 시작해보자. 난 임신과 육아로 살이 엄청나게 쪘다. 육아를 할 땐 힘들다는 이유로 먹고 자고 스트레스를 받으면 먹는 걸로 풀었다. 몇 년을 이런 행동을 하니 습관화가 되었다. 다이어트를 할 때도 원 푸드 다이어트, 빨리 살을 빼고 싶은 생각에 약물 다이어트 등 안 해본 다이어트가 없었다. 경제적으로 힘들 때도 신세 한탄과 불평불만으로 가득했다. 나 자신을 바꿀 생각도 없이 힘들다는 이유로 나쁜 습관으로 살아온 것이다.

일단 돈의 속박에서 벗어나 자유로워지고 싶었다. 그럼 다 해결될 것만 같은 생각이 들었다. 작은 습관과 행동으로 나쁜 습관을 바꾸고 좋은 습관으로 실천하고 재테크를 해보기로 했다. 힘들어도 불평불만을 하지 않고 긍정적인 마인드로 나를 사랑하고 매일 하루 1시간씩 운동해서 몸과 마음을 건강하게 만들자고 다짐하였다.

먼저 나 자신을 사랑하는 사람이 되자. 학창 시절 친구 중에 부잣집 남자와 결혼해서 돈 걱정 없이 살고, 하고 싶은 것 다 하고 사는 친구가 있었다. 많이 부러웠다. 하지만 집집마다 걱정 없는 집이 없듯이 그 친구도 아이가 없어 남편과 시어머니 때문에 엄청 힘들었다고 울먹였다.

내가 살고 있는 환경에서 생활 습관을 바꾸고 재테크를 해보기로 했다. 돈 때문에 하고 싶은 것을 마음껏 하지 못하는 사람들이 많다. 하지만 단지 돈이 없다는 핑계로 아무것도 하지 않는다면 평생 팔자타령만 하고 남과 나 자신을 비교하면 살게 될 것이다.

우선 건강한 다이어트와 아름다운 몸을 위해선 '하루 1시간 운동하기', '매일 경제 관련 공부 1시간씩 하기'로 정하였다. 하루 1시간 운동과 경제 공부는 몇 년째 하고 있다. 아직도 비만이지만 처음보다는 살이 많이 빠졌다. 엄청난 고도 비만이었기 때문이다.

육아에 대한 부담감과 스트레스로 힘들다는 이유로 나를 돌보지 못하고 부정적인 생각에 사로잡혀 나 스스로를 힘들게 했었다.

나쁜 습관으로 인해 30대 초반에 갑상선에 이상이 생겼다. 50대 중반의 나이인 데다 갑상선 기능 이상으로 다이어트가 좀 더 힘들지만 천천히 꾸준히 계속해나가고 있는 중이다.

매일 경제신문 읽기, 경제 관련 커뮤니티 활동, 경제 관련 유튜브 보기, 하루 1시간 정도의 경제 관련 공부와 운동 등은 습관화되었다.

경제 공부라고 해서 그리 거창한 것은 아니다. 매일매일 경제신문을 보고 틈틈이 운전할 때마다 경제 관련 소식을 듣는다. 경제에 관련된 카페, 경제 블로그, 부동산 재테크, 세미나 참여, 모든 경제에 관련된 소식은 관심 있게 눈여겨본다.

돈도 관심을 가지고 공부하고 좋아하는 사람에게 따르는 것 같다. 중년의 나이인 우리가 젊었을 때는 컴퓨터와 스마트폰의 보급이 늦어 정보를 많이 접할 수가 없었다. 남편에게만 의지하고 산다면 경제적으로 늘 여유롭게 살지 못할 것 같았다. 여유가 없는데 엄마인 나에게 투자한다는 것이 마음이 편치 않았다. 경제 관련 공부를 하면서 나도 돈을 벌 수 있다는 희망이 생겼다. 경제 공부의 습관으로 인해 월급으로는 모을 수 없는 돈도 벌게 되었다. 현재보다 앞으로의 인생에서 큰 성공을 원한다면 지금까지 자신을 이끌어온 습관을 과감히 바꿔야만 한다.

아리스토텔레스는 말했다. "우리가 반복적으로 하는 행동이 곧 우리가 누구인지 말해준다." 습관의 노예가 되지 않기를 원한다면 좋은 습관을 형성해 그 습관이 당신을 통제하게끔 하라. 무언가를 매일 반복적으로 하다 보면 숨 쉬듯이, 밥 먹듯이 습관이 되어 당신의 삶을 변화시킬 것이다. 스스로 변화시키고 싶은 의지만 있다면 불가능은 없다. 의지는 자신의 능력을 얼마나 믿는가에 크게 좌우된다. 삶을 바꾸기 위해선 아주 작은 습관 하나에서부터 시작해야 한다.

우리도 좋은 습관을 만들어서 좀 더 나은 삶을 살아보자. 좋은 습관으로 얼마든지 행복하고 부유한 삶도 살 수 있다. 사소한 습관으로 얼마든지 운명도 바꿀 수 있다고 생각한다. 당신 안에 잠들어 있는 성공 가능성을 깨워 삶을 좋은 습관으로 채워나가도록 해보자.

5

나는 무엇을 좋아하는가?

대부분의 엄마들은 자기 자신보다 늘 가족을 우선시한다. 나 자신이 무엇을 좋아하는지조차 모른 채로 살아간다.

나는 무엇을 좋아하는가? 변하지 않는 것도 영원한 것도 없지만 어느 정도 좋아하는 것을 생각해보자. 어린 시절엔 당연히 친구들과 하루 종일 어울려 노는 것을 엄청 좋아했던 것 같다. 방학 땐 밥도 먹지 않고 뛰어놀았던 기억이 난다.

특히 인형놀이를 좋아해서 인형 옷 만들기, 침대 만들기, 인형놀이에 필요한 가구랑 가전제품을 만들고 놀았던 기억이 난다.

박스나 종이로 만들었지만 제법 그럴싸했다. "내 것도 좀 만들어 줘." 하고 친구들이 거의 부탁했을 정도이니 말이다. 친구들 인형놀이 집을 만들어주는 것까지도 기분이 좋았다. 지금도 어릴 때 만들었던 작품들을 생각하니 즐거웠던 추억이 떠올라 행복에 젖어 든다. 학교를 마치면 내가 만들었던 예쁜 인형들을 생각하면서 한달음에 집으로 뛰어오곤 했다. 옛날 분이신 할머니는 이런 나를 보면 못마땅했는지 여자가 손재주 좋으면 팔자가 사나워지고 시집을 못 간다며 나를 혼내셨다.

그도 그럴 만한 것이 할머니가 손재주가 좋아서 가만히 있지를 못하셨다. 집도 웬만한 건 혼자 고치시고 뜨개질이며 전기 고치는 일까지 혼자서 다 하셨으니 딸도 없으셨던 할머니는 하나밖에 없는 손녀딸이 팔자가 사나워지는 것을 원치 않으셨던 것이다. 그러나 만드는 것을 좋아하는 나는 대학은 산업디자인과를 선택했다. 만들어놓은 작품을 할머니께서 버린 기억도 나지만 말이다.

그리고 나는 소낙비를 엄청 좋아한다. 억수로 내리는 빗줄기를 보면 내 마음도 시원해지고 확 뚫리는 느낌이다. 여름철 방문을 열어놓고 빗소리를 들으며 파릇파릇한 나뭇잎을 보던 기억은 지금도 잊지 못한다. 장대비는 억수같이 내리치는 통쾌함이 있는 것 같다.

나는 어른, 아이 할 것 없이 만나서 얘기하는 것을 좋아했다. 물론 지금은 혼자 있는 것도 좋아하지만 말이다. 어릴 때 어른들이 얘기하는 것도 가만히 듣곤 했었다.

나는 새로운 걸 배우는 걸 좋아한다. 요즘은 골프 배우기와 책 읽기, 글쓰기에 집중한다. 매일 조금씩 알아가는 재미가 있다. 실력이 잘 늘어나진 않지만 말이다. 나는 언제나 만남을 즐거워한다. 오래된 만남은 편해서 좋고 새로운 만남은 궁금해서 좋다. 내가 좋아하는 것을 하나씩 발견해나갈 때마다 즐겁고 행복하다. 나는 무엇을 할 때 즐거운가? 그것을 찾아내는 것이 진짜 공부이다. 100세 시대, 우리는 긴 시간을 놀아야 할 테니 말이다.

김동영 작가의 『나만 위로할 것』을 읽고 나는 내게 조용히, 좋아하는 일을 하며 살고 있느냐고 물었다. 사실 따지고 보면 내가 좋아하는 일은 겉으로 보기에 좋아 보이는 일이었지 내가 좋아했던 일은 아니었던 것 같다. 내가 좋아하는 일을 찾기에는 너무 늦은 나이인지도 모르지만 가능하면 만족하고 즐거워할 수 있는 일을 하며 지내고 싶다.

어쩌면 내가 원하는 걸 모르는 건 당연한 일인지도 모른다. 우리 모두

다음을 기약하며 앞으로 나가기에만 급급했기 때문이다. 지금이라도 내가 원하는 것에 대해 생각해보는 건 어떨까? 하루를 살아가는 것도 중요하지만 원하는 것을 즐겁게 누리고 지낼 가치가 있기 때문이다.

우리는 모두 삶이라는 여행을 하고 있다. 삶이란 즐거움을 찾아가는 여정이다. 즐거운 삶이라면 경쟁에서 이기는 것보다 하고 싶은 일을 할 수 있어야 한다.

현대사회에서 치열하게 떠밀리듯이 바쁘게 살아가다 보니 내가 뭘 좋아하는지, 잘하는지도 모른 채 살아가고 있다. 하고 싶지 않아도 먹고살기 위해, 남 눈치 때문에 억지로 하는 일이 많다. 이런 삶은 피곤하다. 자신의 삶을 불행하게 한다. 조금만 여유를 가지고 내가 하고 싶은 것, 좋아하는 것에 관심을 가지고 투자를 해보자. 자신이 좋아하는 일이 운동이든 요리든 무엇이든지 좋다. 좋아하는 일을 한번 적어보자.

누구에게나 공평하게 주어지는 하루 24시간을 어떻게 보내는가에 따라 삶의 질은 얼마든지 달라질 수 있다. 즐겁게 살아가는 방법도 적극적으로 배우고 가르치는 시대다. 일상에서 느낄 수 있는 즐거움이 많은 것이 취미 생활이다.

나도 나에게 맞는다고 생각한 적절한 취미인 수영을 오래전에 배우고 익혔다. 세 아이가 있어 시간이 되지 않아 많이 망설였다. 무엇보다 아이가 어릴 땐 고도비만이 심해 모든 게 자신이 없었다. 수영복 입은 내 모습을 상상하니 끔찍했다. 용기를 내어 아이들을 학교 보내놓고 아침 시간에 등록해서 열심히 다녀 익히고 익혔다. 처음에는 어색하고 창피했지만 곧 익숙해져서 지금은 즐거운 하나의 취미가 되었다. 수강비 몇만 원 하는 돈으로 배우고 익힌 수영이 오십인 넘은 지금은 아주 좋은 취미이자 건강을 지키는 운동 중의 하나가 되어 배우길 정말 잘한 취미 중에 하나라고 생각한다.

자신의 직업, 일에서 즐거움을 찾았다면 금상첨화이고 행운아다. 즐거움을 자신의 직업으로 삼았다면 행복한 사람이다. 인생을 즐겁게 살아가는 방법은 다양하다. 취미생활에서 즐거움을 찾으면 삶도 당연히 즐거워진다. 그러나 노력하지 않으면 아무것도 얻을 수 없듯이 즐거움도 마찬가지이다. 즐거움을 찾을 생활화된 습관이 필요하다.

얼마 전 새로운 취미인 골프 배우기에 도전했다. 내 주변에선 골프는 배울 때 지겹고 배우기엔 너무 늦은 나이라며 운동은 젊었을 때 배우는 거라며 말렸다. 허리도 아프고 관절에 무리도 와 권장할 만한 취미가 아니라고 하였다.

배우기 전에 검색도 해보고 고민도 해보았다. 때론 '내가 뭔가를 배우기에는 너무 늦은 나이가 아닐까?' 생각한 적이 종종 있다. 그러나 스무 살이든 오십 살이든 배움을 멈추면 늦은 나이라고 생각한다. 수영은 오랫동안 해온 운동이라 다른 운동도 해보고 싶었기 때문에 일단 도전해보기로 했다.

생각보다 재미있고 배울 만하였다. 스크린 스포츠는 일상에 지친 스트레스를 풀어주는 좋은 놀이 문화라고 생각한다. 스크린 골프 덕분에 골프에 대한 일반인들의 진입장벽이 낮아졌다. 저렴한 가격과 높은 접근성으로 어른이나 아이 할 것 없이 연습장에는 사람이 많았다. 삶은 실천이다. 내가 좋아하는 것도 경험해봐야지만 좋아하는지 싫어하는지도 알 수 있지 않을까?

마음에 끌리는 분야가 하나도 없는 사람은 없다. 자신이 좋아하는 게 뭔지 '아직 모를 뿐이다.' 지금이라도 찾아보면 되고 궁금하고 하고 싶은 건 도전해보면 된다. 가슴속에서의 끌림을 찾기 위해선 자신의 관심이 가는 곳이 어디인지 찾아보고 재미를 느낄 수 있는 것을 찾아야 한다. 나 역시 좋아하고 할 줄 아는 게 하나도 없다고 생각했다.

지금까지 지나온 시간을 가만히 생각해보고 돌아보자. 살아오면서 어떤 일이 기뻤는지 말이다. 인생 중반을 살아가면서 내가 무얼 하면 행복한지, 잘할 수 있는지, 궁금한 것은 하나씩 배우고 익히면서 좋아하는 것들을 찾아가는 삶이라는 여행을 하자.

생각해보니 아이들과 새로운 카페에 가는 것도 새로운 재미다. 아이들의 생각을 들을 수 있고 더욱 친밀도를 높일 수 있다.

무엇을 좋아하냐는 질문에 머뭇거리며 난 좋아하는 게 하나도 없다고 생각했는데 소소하게 즐기는 것들이 많은 것 같다. 요리하는 것은 사실 좋아하진 않아 의무적으로 하지만 먹는 것에는 익숙하다.

안 가본 카페를 가고 아이들과 맛집을 가는 것이야말로 큰 즐거움이다. 기대 수명이 늘어나면서 제2의 인생을 준비하는 사람들이 많아졌다. 자기계발과 새로운 분야의 배움도 아주 좋은 기쁨이자 즐거움이라고 생각한다.

배움의 즐거움은 희망과 즐거움을 준다. 세상은 배운 만큼 보이고 아는 만큼 행복해지고 노력한 만큼 즐겁게 살아갈 수 있다. 배우고 익히는 과정이야말로 참 즐거움이라 생각한다. 현대 사회에서는 스트레스 없이 살아가기란 쉽지 않다. 스트레스가 쌓여간다면 해소할 수 있는 방법을 찾아야 된다. 즐거움이 오기를 기다리는 것보다 적극적으로 즐거움을 찾아가는 노력이 행복을 만든다.

많은 돈을 들이지 않고도 시간을 잘 활용하여 내가 좋아하는 것이 무엇인지 찾아 나서보자.

실패에서 배워라

실패도 일종의 성공이라 생각한다. 실패라고 생각한 것은 경험이라고 생각한다. 경험을 통해 지혜를 가지고 다시 내일을 향해 도전하면 된다. 삶 속에서는 성공과 실패가 항상 공존한다.

인간은 감정의 동물이다. 나 또한 갓 결혼하고 젊은 시절 사소한 일을 두고 엄청난 스트레스에 시달렸다. 사소한 일에 아등바등하면서 아이들 교육에 나 자신을 가만히 놔두지 않았던 것 같다. 감정에 치우친 삶, 아이를 잘 키워야 한다는 강박관념이 오히려 아이를 망쳤다는 생각을 한다.

특히 나만 고생하는 것 같고 힘들고 억울하다는 생각에 사로잡혀 부정적인 감정에 얽매여 모든 조언도 받아들이지 않고 화를 냈었다. 엄마가 평화롭고 편안한 마음을 가졌다면 하는 후회가 남는다. 지금 생각하면 별거 아닌 것에 왜 그렇게 화를 냈는지 모르겠다. 아이를 잘 키우겠다는 생각보다 나 자신이 행복하게 살았더라면 아이들도 훨씬 더 긍정적이고 행복했을 것인데 하는 후회가 남는다.

이제부터라도 나를 위한 삶, 나를 위해 사는 것이 자식을 위한 삶이라는 걸 배웠다. 자신이 행복해야 다른 사람들도 행복으로 바라볼 수 있다는 것도 깨달았다. 나를 다시 뒤돌아보게 된 계기도 인생을 정직과 성실함으로만 살아오신 아버지의 죽음이다. 자기 몸을 돌보지 않은 채 열심히만 살아오신 분이다. 무슨 일을 하든 건강이 최우선이다. 아버지가 점점 쇠약해지는 모습을 보니 삶의 의미를 다시 생각하게 된다. 건강할 때 모든 것이 의미가 있다. "아버지, 지금 뭘 제일 하고 싶으세요?" 하고 물으니 필요한 게 하나도 없으시다며 마지막으로 살던 집에 한번 가보고 싶다고 하셨다. 휠체어를 타고 집 한 바퀴를 돌고 다시 병원으로 돌아오셨다. 오랜 병원 생활로 근육이 다 빠지셨다. "딸아, 난 다 필요 없고 두 다리로 한번 걸어봤으면 좋겠다"고 말씀하셨다. 마냥 곁에 계실 것 같으신 아버지의 모습을 보니 나중에 효도란 없다는 걸 깨달았다. 죽음은 항상 우리 곁에 있다는 걸 다시 한 번 생각하는 계기가 되었다.

보고 싶을 때 보고 싶은 사람은 시간이 없더라도 당장 봐야 한다. 그리고 사랑하는 마음을 전해야 한다. 곁에 있는 사랑하는 사람들에게 사랑한다는 말을 항상 하는 습관을 들이자. 시간은 우리를 기다려주지 않는다. 건강 또한 건강할 때 지켜야 할 것이다. 젊었을 때 건강관리를 못했다는 실패를 통해 깨달음을 얻고 시간이 걸리더라도 조금씩 내 몸을 돌보고 관리를 하고 있다. 건강한 노후를 보내기 위해서다.

중년인 지금부터라도 건강할 때 건강을 지켜나가야겠다. 실패는 성공의 어머니라는 말이 있듯이 성공하려면 실패한 경험에서 배워야 한다. 다시는 같은 실수를 반복해서는 안 된다. 이제껏 살면서 실패한 것들을 되돌아보자.

어제의 실패가 오늘의 성공으로 이어진다는 마음가짐으로 도전과 실패를 거듭해 실패를 딛고 성공한 인물이 있다. 누구나 잘 아는 인류의 위대한 발명품을 만들어낸 사람이 '토머스 에디슨'이라는 것을 모르는 사람은 없다. "나는 1,200번이나 실패한 것이 아니네. 1,200가지의 안 되는 방법을 발견한 것뿐이네." 이후 1879년 그는 백열전구를 발명한다. 에디슨의 유명한 명언 "천재는 99%의 노력과 1%의 영감으로 만들어진다" 중에서 '99%의 노력'이란 어쩌면 수많은 실패를 의미하는지도 모르겠다. 많은 사람들은 그를 창의적인 천재 발명가라고 부른다. 하지만 그는 자신을 끊임없는 실패를 통해 배우는 평범한 노력가라 말한다. "성공은 99%의 실패로 이루어진다"는 것이다.

촌스럽다는 말을 들은 세계적인 코코 샤넬, 도박 중독이었던 위대한 소설가 도스토옙스키, "시도해보기나 했어?", "이겨내지 못할 시련은 없는 법이다." 등의 명언을 남긴 우리나라의 유명한 정주영 회장님 등을 보라. 오히려 위대한 사람일수록 크게 실패했는지도 모른다. 실패했기 때문에 큰 성공을 거두었다.

정주영 회장이 이룬 업적은 정말 많다. 그는 예기치 못한 수많은 시련은 있어도 실패는 없다는 신념을 가졌다. "자신의 여건을 불행하게만 생각하길 좋아하는 사람은 평생 불행할 수밖에 없고, 반면에 어떤 어려움 시련 속에서도 그것이 자신이 발전할 수 있는 좋은 시련의 기회"라고 생각하는 사람은 평생 잘 발전하며 행복하게 살 수 있다고 생각한다. 정주영 회장은 대한민국 경제에 커다란 업적을 남긴 인물이라 생각한다. 한국을 대표하는 기업가이다. 그가 남긴 신념과 인생 이야기는 분명, 많은

이들이 자신의 앞날의 개척해나가는 데 용기와 자신감을 갖게 할 것이다. 가끔씩 삶에 지치거나 힘이 들 때 정주영 회장님의 삶 속에서의 메시지를 생각해본다. 시련이 전화위복의 성공으로 역전될 수 있다는 생각이다.

나 또한 나이가 들면서 체력뿐 아니라 의욕도 떨어지면서 무기력감에 아무것도 하고 싶지 않았을 때가 있었다. 무언가를 시작하기엔 너무 늦은 나이가 아닐까, 지금 해서 뭘 하나 하는 부정적인 생각으로 가득했었다.

10년을 넘게 같이 살아온 자식 같은 반려견이 무지개다리를 건넜다. 밤낮없이 옆에서 간호하였지만 죽음을 비껴갈 수 없었다. 마음의 준비는 하였지만 보내고 난 뒤의 슬픔은 이루 말할 수가 없었다. 지금도 슬픔이 몰려오는 것 같다. 엄마 잃은 갓 태어난 강아지를 데리고 와서 우유병으로 우유를 직접 먹이고 잠을 잘 때도 엄마 품이 그리울까 봐 같이 잤고 항상 함께하던 강아지가 몹쓸 병에 걸려 갑자기 세상을 떠난 것이다. 아이가 셋이지만 세 아이 키우는 것보다 손이 더 많이 갔다. 우리 가족의 행복 그 자체인 아이가 떠나갈 때는 충격 그 자체였다.

그리고 몇 달 뒤 사랑하는 아버지마저 세상을 떠난 것이다. 아무 것도 할 수가 없었다. 수영장에서 수영을 할 때도, 밥을 먹을 때도 흐르는 눈물을 참을 수가 없었다. 한동안 아무것도 할 수 없이 멍하니 하루하루를 보내기 일쑤였다. 사랑하는 이들과의 이별에는 나의 신체 일부가 잘려나간 듯한 고통이 따른다. 죽는 순간만큼은 온전히 함께이고 싶어서 우린 함께했다.

우리의 넷째 딸 같았던 반려견은 행복하게 죽음을 맞이하였을 것이다. 굳어가는 몸을 만져주었다. 연이은 아버지의 죽음은 더욱 삶을 힘들게 하였다. 사랑하는 가족을 잃으면 누구나 큰 상실감에서 벗어나지 못한다. 우리는 태어나는 그 순간부터 죽음을 향해 가고 있다는 사실을 잊고 살아간다. 사는 게 바쁘면 바쁠수록 죽음을 생각할 겨를 같은 건 없어진다. 더욱이 젊을 때에는 죽음을 생각할 겨를이 없다. 앞만 보고 달리면 달릴수록 시간은 빛의 속도로 흘러가고 우리는 자신도 모르게 나이를 먹는다. 한동안 슬픔에 빠져 멍하게 하루를 보냈다. 충격 탓인지 교통사고까지 나서 차가 폐차 지경까지 갔었다. 당분간 운전도 하지 않았다. 급한 볼일이 있으면 대중교통을 이용하였다.

삶이 무엇인가를 생각하니 모든 것이 허무하게만 느껴졌다. 살아 있다는 건 뭘까. '난 진정 무엇을 하고 싶은가.', '내 상황을 진정 변화시키고 싶다면, 내가 바꿀 수 있는 한 가지는 바로 나 자신이다. 내가 원하는 것,

잘하는 건 뭘까.' 고민도 해보았다. 답을 알 수가 없었다.

스스로 나를 위로하기로 했다. 너무 슬퍼하지 않기로, 사랑하는 사람이 슬퍼하는 걸 원치 않을 거라고 생각하며 나 자신을 껴안았다. 자기 스스로를 위로해주지 않는다면 누가 나를 위로하겠는가? 배우자라고 할지라도 자식이라고 할지라도 모두 자기 일만으로도 정신이 없다. 내 마음이 시키는 일을 해보기로 했다.

무작정 해보고 싶은 일에 도전해보기로 마음먹었다. 생각이 많아지면 우울해지고 슬픔이 찾아온다. 무조건 집 밖으로 나가고 싶었다. 부동산에 관심이 많은 나는 분양 일에 도전해보기로 했다. 선뜻 혼자 갈 용기가 나지 않았다. 부동산 사무실을 하다가 잠시 쉬고 있는 친한 언니에게 전화를 걸었다.

"언니, 분양 일에 초보자도 뽑는데 겁도 나고 용기가 나지 않아."라고 하니 같이 한번 분양 경험을 쌓아보자고 했다. "돈을 잃는 게 겁이 나는 거지, 도전하는 건 용기 있고 멋진 일"이라고 하였다.

새로운 일로 정신없이 바쁘게 보내고 일은 힘들었지만 스릴도 있었고 나름 성취감도 느꼈다. 우린 때론 좌절과 실패를 통해서 배워나갈 수 있다. 포기하지 않는다면 우리는 실패를 통해 성공을 배울 수 있다.

다 괜찮아, 참 잘 살았어

어느새 오십 중반을 바라보는 나이가 된 나는 1995년 남편과 결혼 후 세 아이를 키우면서 앞만 보고 달려왔다. 3남 1녀의 외동딸이지만 고등학교를 마치고 대학 무렵부터 경제적으로 부모님에게 의지하지 않고 각종 아르바이트를 하며 용돈을 벌어 썼다. 처음엔 식당에서 서빙을 하였다. 45kg의 몸으로 무거운 한식 반찬을 들고 나르니 팔이 떨어져 나가는 줄 알았다. 그 뒤로 요령이 생겨 관공서 아르바이트를 하였다.

경찰서, 담배인삼공사, 인구 조사, 선거관리위원회 사무실 등 방학 때마다 아르바이트로 용돈을 벌어 썼다. 그리고 처음 사회생활을 시작했을 때 나는 주어진 일을 멋지게 해치우고 말겠다는 각오로 판매부에서 최고의 실적 쌓기에 온 마음을 집중하였다. 밥도 거르기 일쑤였다. 살이 점점 빠지고 마르기 시작했다. 입은 바짝바짝 말라갔다. 시키는 대로 일하였지만 나의 성향과 맞지 않았다. 지나친 경쟁의식이 나를 너무 힘들게 하였다. 부모님께 실망을 안겨 드리고 싶지 않았고 회사에서 인정을 받고 싶었기 때문에 참고 참았다. 성향이 낙천적이고 천천히 몰입하던 나와는 정반대의 일이었다. 일주일 근무하고 주말엔 하루 종일 밥도 먹지 않고 잠잤던 기억이 난다. 그만큼 온 에너지를 쏟은 것이다.

일과 잠의 반복된 생활, 내가 왜 이렇게 살아야 하는 회의감이 들었다. 그만두겠다고 부모님에게 말하니 월급도 많고 보너스도 많은데 왜 그만두냐고 하셨다. 그냥 얌전히 다니다가 결혼하라고 하셨다. 부모님의 사고방식과 너무 차이가 났다. 거절을 잘하지 못하는 나였지만 내 인생을 억지로 맞지 않는 일을 하면서 보내기 싫었다.

내가 어떤 사람인지, 무슨 일을 해야 행복하게 사는 삶인지는 잘 모르지만 어른들이 말하는 '평범하게 살아라.', '남들처럼 살아라.'라는 말은 사회가 요구하는 대로 살면 고생도 덜하고 편할 것이라는 부모님의 마음이라 생각한다. 아무 일 없이 평탄하게만 살아가는 사람은 없을 것이다. 누구나 자기 삶의 영역에서 아픔을 겪고 크고 작은 상처를 입는다. 이런 일들은 우리에게 큰 아픔인 동시에 우리를 성장시키는 밑거름이 된다.

나의 어린 시절 부모님은 항상 바쁘셨다. 나는 할머니와 할아버지 밑에서 자랐다. 정서적으로 불안하고 외로움을 느꼈는지 야뇨증이 있었다. 초등 고학년까지 가끔 실수를 하였다. 나는 밤에 실수를 할까 봐 늘 불안하였다. 너무나 숨기고 싶었다. 그러나 할머니께서는 큰소리로 오줌싸개라며 혼내시기도 하셨다.

우리 집에서 월세 사는 집이 몇 집 있었다. 다른 집까지 들리게 잔소리를 하실 때에는 죄책감이 들고 자신감이 많이 결여되었다. 그런 날은 창피해서 쥐구멍에라도 들어가고 싶은 심정이었다. 그 당시 어린 나에겐 너무나 큰 시련이고 아픔이었다. 친정 모임에서 오빠가 네 살 때의 추억을 얘기하는 것이었다. 난 "어떻게 네 살 때가 기억나?" 하며 지어낸 얘기냐고 물었던 기억이 난다. 잠시 난 마음공부를 하던 때가 있었다. 마음공부를 하는 곳에서 생각과 기억도 버리고 치유해야만 하는 것이라고 하였다.

잡다한 기억을 버려보는 연습을 해보았다. 며칠 동안 버리고 지워보았다. 나의 내면의 네 살쯤 되는 어린아이가 아스팔트 바닥에 외로이 웅크리고 앉아 고개를 숙인 채 혼자 있던 장면이 떠올랐다. 난 어린아이가 너무 가여워서 알 수 없는 눈물이 흘렀다. 그 아이를 따뜻이 안아주었다.

그 아이가 바로 나였던 것이다. 옷이며 신발이며 뚜렷히 기억났었다. '정말 아픈 기억은 기억조차 하고 싶지 않아서 그 부분만을 지워버리지 않았을까?' 하는 생각도 해본다.

가족과는 당연히 좋았던 기억들도 많다. 그러나 정서적으로 항상 외롭다는 마음을 많이 느꼈던 것 같다. 물질적으로는 아주 넉넉하지는 않았지만 부족함을 느끼지는 않았다. 그렇게 성장해 스무 살을 갓 넘겨 남편을 만났다. 오랜 기간 연애하고 사랑했다. 아프면 약을 사다 주고 안절부절못하며 나보다 더 걱정해주는 모습이 좋아 준비되지 않은 결혼을 하였다. 아무 조건도 보지 않았다. 사랑 하나만 있으면 따뜻한 가정을 가질 수 있다고 생각했다.

둘이 있을 땐 행복하고 달달하고 좋았지만 준비되지 않은 채 세 아이의 엄마, 며느리, 아내, 딸 역할은 너무나 힘들었다. 숨 가쁘게 살다 보면 나의 진짜 모습을 잃어버리는 것 같았다. 스스로 무엇을 느끼고 무슨 생각을 하는지 알 수 없을 때가 많았다. 그저 무언가에 쫓기듯이 하루를 살아내기에 급급하다. 마음의 여유가 없이 아이들에게도 빨리빨리 만을 외치면서 재촉하였던 것 같다.

집안일은 해도 해도 티가 나지 않는데, 안 하면 집은 완전 쑥대밭이었다. 일들에 치여 나를 돌아볼 여유가 하나도 없었다. 어떤 날은 내 인생이 없는 것 같고 무의미한 인간이 된 것 같이 느껴질 때도 있었다. 펑퍼짐한 옷차림에 질끈 묶은 파마머리, 참 안 어울리는 뿔테 안경, 결혼 전과 다른 내 모습을 볼 때는 나 자신도 한심하였다. 나름 날씬한 몸매에 하얀 얼굴, 옷 잘 입는다는 소리도 들었는데 완전 말 그대로 아줌마였다.

내가 힘이 들면 가끔 남편에게도 짜증 내고 비난하는 경우도 많았었다. 경제적으로도 늘 부담이었다. 무엇보다 좋은 엄마가 되기 위해 최선의 노력을 하였지만 인생이 그리 만만치가 않았다. 앞만 보고 달려왔지만 뜻대로 되지 않았다. 엄마, 아내, 며느리로 모든 것이 부족 하였다. 힘이 드니 긍정적인 마음보다 부정적인 마음이 자리 잡았다.

그러나 그 시절 나의 일상을 지탱해줄 수 있는 힘은, 나의 이야기를 그저 들어주던 친구들이다. 나의 이야기를 그저 들어 주었던 무던함이었다. 타지로 이사 와서 아이를 통해 처음 사귀게 된 친구이다. 사소한 이야기도 그냥 받아주고 무슨 말을 해도 나를 탓하지 않고 따뜻하게 지켜봐주고 서로가 서로를 응원하고 하소연도 들어주고 마음과 마음을 나누며 우정을 키워나갔다. 그냥 만나면 편안하다. 아이들이 성인이 되었지만 아이들과는 별개로 우리만의 친구가 되었다. 그래도 난 행복하다. 슬픔과 기쁨을 나눌 수 있는 친구가 곁에 있다는 것이.

우리는 자신과 비슷한 사고방식의 사람들과 어울린다. 친절한 사람들과 어울리고 싶으면 내가 먼저 친절을 베풀어야 하고 정직한 사람과 어울리고 싶다면 내가 먼저 정직해야만 한다. 남에게 친절을 베푼 만큼 나에게 돌아온다. 내가 지금 행복하다면 긍정적인 생각을 하고 있고 불행하다면 부정적인 생각을 하고 있을 것이다. 지금까지 살아온 인생을 되돌아보자.

"인생은 한 명의 관객을 위해 공연되는 내면의 드라마이다."

– 앤서니 파월

"내 인생의 드라마를 함께 나누고 싶을 때 그리고 나누고 싶지 않을 때가 언제든지 선택할 수 있다. 또한 나는 내 마음의 주인, 내 인생의 주인공이 될 수 있다."

– 세프라 코브린 피첼, 『하루를 살더라도 내 인생을 살아라』

이처럼 내 인생의 주인은 바로 나이다. 나이가 들수록 삶이 무기력하고 무능력하게 느껴질 때가 있다. 이제껏 해온 것보다 하지 못한 것에 미련을 두고 아쉬움을 가지고 뭘 하면 살아왔는지에 대한 자책을 하곤 한다. 이렇게 지금 가진 것보다 가지지 못한 것에 대해 실패자로 스스로가 생각하게 되면 실패자가 되는 것이다. 이제부터는 자신을 위로하고 스스로 격려해주는 사람이 되어보자.

나는 제대로 살아온 걸까? 빨라진 변화의 흐름에서 잘 살아가고 있는 걸까? 열심히 살았고 시행착오를 거쳤지만 최선을 다했기에 다 괜찮다고, 참 잘 살아왔다고 말할 수 있지 않을까?

그리고 넌 너무나 멋있는 사람이야. 이제껏 열심히 살아줘서 고맙다. 항상 최선을 다해 살아가는 너의 모습이 자랑스럽다. 지금의 나를 괜찮다고, 잘살고 있다고 북돋아주려고 한다.

"다 괜찮아 그동안 참 잘 살아왔어."

나는 유쾌한 사람입니다

"그대가 불쾌한 기분 속으로 들어가기 때문에 모든 것이 불쾌해지는 것이다. 먼저 유쾌하게 생각하고 행동하라. 그러면 유쾌한 기분이 절로 솟아날 것이다. 이것이 평화와 행복을 가져오는 방법이다."

데일 카네기가 한 말이다. 과거에는 진지하고 점잖은 사람이 인기가 있었지만, 요즘은 유쾌하고 유머가 있는 사람이 매력적인 사람으로 꼽힌다. 유머 있는 사람은 함께 있는 사람들을 즐겁게 만들고 어느 자리에서 환영받는다고 한다.

과학적으로 입증된 바에 의하며 웃음은 15개의 안면 근육과 몸에 있는 230개의 근육을 동시에 움직이는 자연적인 운동이다. 1시간 동안 코미디 프로그램을 보며 웃은 사람의 혈액에는 세균에 저항하는 백혈구가 증가하고, 몸속에는 스트레스를 유발하는 호르몬이 줄어든다고 지식백과에서 보았다. 우리는 재미가 없는 사람보다 재미있는 사람과 대화를 하고 시간을 보내는 것을 더 즐거워한다. 우리는 웃음으로써 스트레스를 해소할 수 있고 많은 부분에 있어서 큰 에너지를 받을 수 있다.

우리 모두가 알고 있고, 많은 이들이 존경해 마지않는 링컨 대통령은 과거 동네 사람들로부터 "미쳤다."라는 이야기를 들었을 정도로 심각한 우울증을 앓았다고 한다. 링컨이 우울증 승화의 수단으로 '성경과 양서'를 많이 읽고 남을 위한 봉사의 삶을 살면서 보람을 누렸고 그리고 유머를 택하였다고 말한다. 링컨이 하원의원으로 출마했을 때였다. 합동 유세에서 그의 라이벌 후보는 링컨이 신앙심이 별로 없는 사람이라고 비난하고 나섰다. 그리고 청중을 향해 이렇게 외쳐댔다.

"여러분 중에 천당에 가고 싶은 분들은 손을 들어 보세요." 그 자리에 참석한 청중들 모두가 손을 들었다. 그러자 링컨만은 손을 들지 않았다. 그러자 라이벌 후보는 링컨을 향해 소리쳤다. "링컨, 그러면 당신은 지옥으로 가고 싶다는 말이오?" 이 말을 들은 링컨은 웃으며 군중을 향해 외쳤다. "천만의 말씀입니다. 나는 천당도 지옥도 가고 싶지 않소. 나는 지금 국회의사당으로 가고 싶소". 군중은 링컨에게 박수를 보냈고 링컨은 유머 한마디로 상황을 반전시켰다. 적절한 유머는 그것을 사용하는 사람이나 듣는 사람에게 정신적인 촉매제가 된다. 긍정적인 유머는 시련과 고난으로 입은 상처를 치유해주는 신비한 힘을 발휘한다.

즐겁게 살고 싶지 않은 사람은 아무도 없다. 나에게 즐거움이란 무엇일까? 유쾌한 사람은 겉모습이 밝은 사람이 아니고 생각이 밝고 어려움을 슬기롭게 넘길 줄 아는 사람이라고 생각한다. 현실은 힘들어도 달관하는 태도, 아픈 상황을 힘들다는 말 대신 풍자처럼 표현하는 태도를 보인다.

겉으로 보기에는 매우 친절하고 유쾌하게 보이는 사람일지라도 일상에서 끊임없이 문제에 부딪히는 경우를 종종 본다. 밝은 척하는 사람은 남들에게 보이는 자신의 모습을 너무 신경 쓰고 자신을 감추고 밝은 척만 택할 것이다. 밝은 척하지 않아도 밝게 사는 사람들이 있다. 밝게 살 수 있는 힘이 어디서 나올까?

마지못해 억지로 하는 일, 누군가로부터 등 떠밀려서 하는 일은 억지로 하는 일이기 때문에 기쁨이 따르지 않는다. 사람은 자기만의 인생을 살아가는 존재이다. 누가 자기 대신 절대 살아주지 않는다. 오직 자신만이 자신의 삶을 자신이 원하는 대로 만들어갈 수 있다. 마음먹기에 따라 기쁨을 느낄 수도 있고 슬픔을 느낄 수도 있다. 굳이 찾지 않아도 우리의 일상은 소소한 기쁨과 행복이 넘쳐난다. 난 아이들이 성인이 된 지금도 아이 어릴 때 만난 엄마들과 만나서 수다를 즐긴다.

집에서의 만남이 아닌 멋진 카페에서 커피 한잔과 수다가 스트레스를 줄여준다. 카페에서 마시는 한잔의 커피는 사치가 아니라 여유와 휴식을 마시는 것이라고 생각한다. 아줌마들과의 수다는 단순히 시간 때우는 것 이상의 의미가 있다. 많은 정보 공유도 하고 중년의 나이에 느낄 수 있는 외로움도 달래준다. 서로가 의지할 수 있고 공감할 수 있는 부분이 많아 서로가 위로가 되어 정신 상담사 역할 못지않은 것 같다.

오래된 만남이다 보니 서로에게 도움을 주려고 노력을 한다. 무엇보다 나이도 비슷하고 생각도 맞아 만남 자체가 즐겁고 재미있다. 유쾌하고 좋은 사람과의 만남은 시간이 너무 빨리 지나간다. 무엇보다 포장하지 않고 있는 그대로의 모습을 보여줄 수 있어 편하다.

슬프거나 기쁠 때 화나거나 즐거울 때 같이 할 수 있는 아줌마의 수다가 나는 너무나 즐겁다. 나는 사람과의 만남을 좋아한다. 내가 무엇을 좋아하는지 안다는 건 상당히 중요한 일이다. 수다를 떨다가 서로 관심사가 같으면 더욱 재밌다. 아이들이 어렸을 때는 교육이 관심사였지만 이제는 갱년기를 어떻게 잘 보낼 수 있을지, 재테크는 어떻게 할지가 관심이 가는 나이가 되어버렸다.

난 전업주부지만 경제와 재테크에 관심이 많다. 경제에 관심을 가지고 재테크에 대한 이야기를 하다 서로 궁금한 아파트나 땅, 주택 같은 물건이 나오면 나들이 삼아 가본다. 드라이브도 하고 맛난 것도 먹으면서 삶의 여유를 즐긴다. 혼자서 가기엔 겁도 나고 어색하기도 하다. 같이 함께 나들이 삼아 가면 일처럼 느껴지지 않아서 좋다. 드라이브 삼아 자연 풍경도 보고 재테크를 하면 가계에 도움도 되고 보람 있는 하루가 된다. 유쾌한 하루가 되지 않을 수 없다. "우리 좋은 곳 있는데 가볼까?"라고 말하면 말 떨어지자마자 즉시 가볼 수 있어서 좋다. 아줌마들이 가면 재미도 있고 겁날 것도 없다. 아줌마들이라고 해서 수다만 떠는 건 아니다. 즐겁고 유쾌하게 보내면서 재테크를 공유도 하고 돈도 번다. 유쾌한 아줌마들의 수다는 나에겐 정말 유익한 수다이기도 하다. 아이들로 인해 서로가 인연이 되어 오랫동안 알고 지내오면서 서로에게 의지가 되고 힘이 된다.

"삶에는 즐거움이 따라야 한다. 즐거움이 없으면 삶이 정착되지 않는다. 자기 생애의 모든 해, 모든 순간들을 음미하라. 즐거움은 밖에서 가져다주는 것이 아니라 긍정적인 인생관을 지니고 스스로 만들어가야 한다. … 절대 긍정은 모든 것을 가능하게 하기 때문이다."

— 『살아 있는 것은 다 행복하라』, 법정 스님

윌리엄 제임스는 우리는 행복하기 때문에 웃는 것이 아니라 웃기 때문에 행복하다고 한다. 대개 사람들은 유쾌하고 유머 있는 사람들을 좋아한다. 나 역시도 나이가 들수록 심각한 것보다 재미있고 유쾌한 사람들과 어울리면 삶이 즐거워진다. 나도 사람들과의 만남에서 재미있고 유쾌한 사람이 되고 싶다. 짐이 되는 사람이 아닌 힘이 되는 사람이고 싶다. 즐겁게 생각하고 행동하면 진짜로 즐거워지는 것 같기도 하다.

그래서 그런지 항상 얼굴이 밝고 걱정이 없어 보인다는 말을 많이 듣는다. 항상 웃음 띤 얼굴과 긍정적인 사고가 좋다는 말을 듣는다. 우리는 함께 있으면 피곤하고 지치고 힘이 빠지는 사람이 되고 싶지는 않을 것이다.

함께함으로써 커피를 마시고 밥을 먹어도 더 즐겁고 기분이 좋아지는 이들과 함께하고 싶을 것이다. 굳이 사람들과의 관계가 아니라 혼자 보내는 시간 속에서도 생각보다 유쾌하고 즐거운 재미가 가득하다. 혼자 TV를 보다가도 재밌는 장면이 나오면 깔깔거리며 웃는다. 창문 밖의 푸른 하늘을 보는 즐거움도 있다. 아무것도 하지 않는 혼자만의 여유로움이 참 좋다. 같은 일도 힘들다고 생각하고 기분 나쁜 마음으로 하면 더 힘들어진다. "피할 수 없으면 즐겨라."라는 말도 있다.

적극적으로 내 삶을 살아가야 한다. 좋은 생각, 즐겁고 유쾌하게 살아가기에도 인생은 짧다. 나이가 들면 점점 삶에 대해 나 스스로가 자신감이 떨어진다. 재미난 일도 줄어드는 것 같다. 좋은 생각, 즐거운 일, 좋은 만남으로 유쾌하고 즐겁게 모두가 살아갈 수가 있다.

모든 일이 마음먹기에 달렸다. '밝고 유쾌하게 행복하게' 살아보자. '자신이 스스로 행복해야 모든 것이 행복하다'는 마음으로 우리는 모두가 유쾌한 삶을 스스로 만들어 살아가보자. '나는 유쾌한 사람이다.'라고 생각한다.

9

나는 지나온 삶을 후회하지 않는다

결혼한 지 벌써 25년이나 지났다. 아무것도 가진 것 없이 남편이 군대를 제대하자마자 우린 양가 반대를 무릅쓰고 결혼식을 올렸다. 대학 축제에서 처음 만나 연애하고 세상을 모르던 둘은 사랑한다는 이유 하나로 결혼하겠다고 나섰다. 그러곤 보증금 500만 원짜리 산동네 집을 구했다. 공동으로 화장실을 쓰는 집이었다. 그런 집을 구해 오니 양가 부모님은 그런 데서 살아보지도 않으면서 어떻게 살아가려고 하느냐고 하셨다. 그렇게 결혼을 반대하시면서도 안타까웠는지, 외진 동네에 전셋집을 구할 수 있는 돈 1,500만 원을 주셨다.

우린 그래도 마냥 행복했다. 예쁜 방이 생겼고 결혼식 때 받은 절값으로 핑크색 커튼도 해 달았다. 보금자리가 생겼다는 것만으로도 하루하루가 행복했다. 배 속에는 예쁜 아기까지 있었으니 남부러울 게 없었다. 남편은 못다 한 공부를 하고 싶어 했다. 하지만 아기가 생겼으니 어쩔 수 없이 아르바이트라도 해야 했다.

당시 우린 아기가 생긴 걸 숨기고 결혼했었다. 배가 불러오고 출산하러 병원에 갔을 때 남편과 나는 엄청 떨었다. 출산하러 들어간 다른 산모들은 다 나오는데 나만 나오지 않아서 남편은 엄청 무서웠다고 했다. 나는 임신과 더불어 40kg 넘게 살이 쪄서 제왕절개 수술로 아기를 낳았다. 아기를 낳았을 때는 정말 내가 여자로 태어난 게 기쁘다는 생각까지 했었다. 첫아이 낳았을 때까진 행복이 넘쳐흘렀다. 태교를 위해 피아노 학원을 찾아보았지만, 너무 외진 동네라 그마저도 없었다.

첫아이를 낳았지만, 그 동네에는 또래 아이도 없었고 나이 든 사람만 있었다. 우린 작은 빌라로 집을 옮겼다. 오래된 작은 빌라였지만 그 동네에는 어린 아기들도 있었고 놀이터도 있었다. 그 동네에서 둘째 아이를 낳았다. 아이들을 키우면서 깨끗하고 좋은 집에서 살았으면 하는 생각이 들기 시작했다. 집은 너무 어두웠고 곰팡이가 많이 펴서 기관지가 안 좋은 큰아이 때문에 너무 스트레스를 받았다. 유모차에 터울이 많이 나지 않는 아이 둘을 태우고 놀이터로 매일 아이들을 데리고 다녔다. 그러면서 놀이터가 있는 아파트에서 살아봤으면 하는 생각이 들었다.

　남편은 둘째를 낳고 좋은 회사에 들어가게 되었다. 외진 동네를 떠나 이사하면서 신문에 난 공채 모집 기사를 보게 된 것이다. 면접 볼 때 꿈과 이상을 말하지 않았다고 한다. 너무 간절한 마음에 현실 이야기만 했던 게 면접관에게 통했던 모양이다. 지금 받는 적은 월급으로는 아이 둘을 키우기가 너무 힘이 드니 꼭 이 회사에 들어가야 된다고 말했다고 한다. 면접관도 적은 월급으로 두 아이를 키우기 힘이 드니 공감이 되었나 보다. 그리고 남편의 성실함이 통했었나 하는 생각이 든다.

　둘째 아이를 낳은 덕분에 남편은 좋은 회사에 들어갈 수 있었다. 이후에는 베란다 문이 안 닫히는 집 말고 산뜻한 집에서 살아보고 싶은 소망이 더 커졌다. 새 빌라에서 사는 엄마들도 너무 부러웠다. 우리 집은 어두컴컴해서 낮에도 불을 켜야 했다. 이런 집 말고 밝고 환한 놀이터가 있는 아파트에서 아이들을 살 수 있게 하고 싶었다. 이런 어두운 집에 있기 싫어서 아이들을 데리고 매일 놀이터로 나갔다. 놀이터에 앉아 있으면 같은 또래의 아이 엄마들이 나왔다. 엄마들과 수다를 떨며 아이들을 돌봤다. 아기의 엄마들이 친구가 되었다.

놀이터에서 아이들을 놀리면서 청약통장이 있다는 것을 처음 알게 되었다. 청약통장을 만들고 지방 아파트를 분양받았다. 대출을 많이 끼고 분양받았지만, 부동산을 처음 알게 된 계기가 되었다. 지방 아파트라 그런지 분양가가 비싸지 않았다. 32평 아파트에 당첨되었는데 놀이터도 있고 너무 깨끗하고 좋았다. 양가 부모님들은 열심히만 사셨지, 투자가 무엇인지 나에게 가르쳐주지 않았었다.

아이를 좋아하는 우리는 또 셋째를 가졌다. 시어머니는 가진 것도 없이 무슨 고생을 하려고 셋째를 가졌냐고 걱정을 많이 하셨다. 아이 키우기가 너무 힘들었지만 그래도 사랑스럽고 예뻤다. 돈은 나중에 얼마든지 벌 수 있다고 생각했다. 돈은 아이 다 키워놓고도 벌 수 있다고 막연히 생각했다. 그런 것을 보니 아이들에게는 태어날 운명이 따로 정해져 있나 보다.

셋을 낳으니 밥이 입으로 들어가는지 코로 들어가는지 정말 정신없고 힘들었다. 그래도 아이들이 어리니 돈을 아껴 쓰며 열심히 살았다. 한눈팔 새도 없었고 그저 아이들만 생각하고 열심히 살았다. 그리고 이사 간

곳에서 초등학교 때 친구를 만났다. 연락이 끊겨서 못 만났던 절친을 만나게 된 것이다. 그 친구 덕분에 그래도 덜 힘들고 외로웠다.

남편은 해외 출장을 자주 갔다. 유럽 쪽은 길게는 6개월까지도 갔다. 그렇게 혼자서 세 아이를 육아하고 정신없이 보내고 아이들이 잠든 밤이 되면 외롭고 쓸쓸했다. 혼자서 세 아이를 키워야 한다는 부담감도 컸다. 그럴 때마다 친구에게 전화해서 온 사방이 회색빛으로 변한 것 같다고 하소연하곤 했다. 내가 우울증이 온 것 같다, 죽을 것 같다고 하면 옆 동에 사는 친구가 달려오곤 했다. 진짜 우울증 있는 사람은 말없이 죽는다며 웃으면서 날 위로해주곤 했다. 지금 생각해도 참 고마운 친구이다.

힘들었지만 학교 때 친구 2~3명이 가까운 곳에 살아서 위로가 참 많이 되었다. 우리 애들을 친구들이 많이 챙겨주었다. 모든 가정이 그렇겠지만 가족 위주로 모든 삶이 재정비되었다. 결혼 전에는 나를 위한 삶이었다면 결혼과 동시에 나라는 존재를 잊고 살았던 것 같다. 나의 모든 걸 뒤로하고 가정에 헌신하며 살았던 것이다.

경상도에서만 생활했던 내가 남편의 회사 발령과 동시에 일가친척 하나 없는 경기도 파주라는 곳에 이사를 오게 되었다. 아는 사람이 아무도 없는 곳에서 생활해야 한다는 두려움도 있었지만 내심 설레기도 하였다. 부모님, 친구들과 울면서 헤어졌다. 경기도 파주의 첫 느낌은 엄청 추웠고 삭막했다. 너무 추워서 못 살 것 같았다. 따뜻한 경상도에서만 살았던 나는 외국도 아닌데 너무 우울하고 외로웠다. 큰아이가 초등학교 5학년, 둘째 아이가 초등학교 3학년, 막내는 여섯 살이었다.

남편은 여전히 일로 바빴지만 아이들은 생각보다 학교에 잘 적응했다. 오히려 내가 적응을 하지 못했다. 낯선 도시에서 친구 하나 없이 얼마나 스트레스를 받는지 갑상선 기능에 이상이 생겼다. 살은 더 많이 찌고 건강이 많이 나빠졌다. 그래도 지방 아파트가 2배나 올라서 팔고 남은 수익이 컸다. 아, 이렇게도 돈을 버는구나. 이때 잠깐 생각했었다.

먼저 거주할 집을 전세로 마련하고 살다가 살기 좋으면 사기로 마음먹었다. 경기도가 처음인 나는 집을 한번 보러 오기가 힘들었다. 부동산에서 방 네 칸 있는 집을 소개받았다. 한 개밖에 없는 전세 매물이라는 말에 그냥 한 번 보고 계약했다. 그땐 경기도 파주집이 구미 전세가보다 싸서 신기했다.

방 네 칸이 있는 집에서 사니 너무 좋고 편했다. 내 성격의 좋은 점은 느긋하고 낙천적이라는 점이다. 좀 느린 편이다. 어릴 때도 불평불만을 거의 하지 않았던 것 같다. 학창 시절에도 싸우거나 화냈던 기억이 별로 없다. 결혼해서 둘째 아이를 낳을 때까지도 화냈던 기억이 나지 않는다. 지금도 첫째 아이가 말한다. 자기 기억에 초등학생 때까진 엄마가 천사 같았다고…. 그런데 동생이 태어나면서부터 화내기 시작했다고.

사람이 여유가 없으면 성격도 변한다는 사실을 깨달았다. 사랑하는 사람을 원망하게 되고 아이들에게도 신경질적으로 변한다. 자신을 미워하면서 닦달하게 된다. 그렇지만 아이는 내 삶의 가장 최고의 선물이고, 내가 살아가는 이유라는 것을 알게 되었다. 내 모든 것을 줘도 아깝지 않다는 생각을 했다. 이해타산적으로 생각하지 않고 헌신적으로 줄 수 있는 존재가 있다는 것만으로도 행복했다.

나는 결심했다. 이렇게 사랑하는 아이들에게 해줄 수 있는 한 해줘야겠다고 말이다. 세 아이를 키우면서 일도 나가보았지만 돈은 돈대로 모이지 않고 아이는 아이대로 방치되었다. 돈이 부족해도 아이가 어릴 땐 아이에게 집중하기로 했다. 그러면서 나 자신을 위해 운동도 하고 공부도 하고 취미생활도 하면서 나에게 투자하기로 했다. 엄마가 행복하고 건강해야 아이들도 행복하다는 것을 알기 때문에. 너무 힘들 때면 내가 왜 이런 선택을 해서 이 고생을 하지, 불평불만도 많이 했었다.

『푸념도 습관이다』의 저자 우에니시 아키라는 긍정적인 말로 내 삶을 밝게 만드는 법을 제시했다. 긍정적인 말을 쓰면 마음이 건강해지고 인생도 밝아진다. 반대로 부정적인 말을 하면 절망과 분노, 불안으로 인해 살아갈 힘을 **빼앗기고** 무기력해져 인생이 어두워진다. 따라서 푸념이나 부정적인 말 대신에 긍정적인 언어로 표현하는 것이 인생을 밝게 만드는 비결이라고 말한다.

그렇다. 말할 때도 좋은 말만 골라서 하는 게 중요한 것 같다. 긍정적인 말에는 상대방을 밝게 해주는 힘이 있다. 너무 지치고 힘들 땐 내 마음이 불평불만으로 가득 차기도 했다. 하지만 좋은 생각을 많이 하고 긍정적으로 살려고 많이 노력한다. 지금까지 그랬듯이 이만하면 잘 살았고 열심히 살아왔다. 지나온 삶을 후회하지 않는다. 앞으로 어떤 삶을 살게 될지 기대가 될 뿐이다.

재미있게

살다 보니 돈도,

행복도 생기더라

1

내가 원하는 것은 이미 내 마음속에 있다

내가 원하는 것은 경제적 자유와 시간적 자유를 얻어, 인생 2막은 좋아하는 일을 하며 주위에 선한 영향력을 나누며 행복한 시간을 보내며 사는 것이다. 경제적 자유를 위해 항상 생각하고 바란다. 내가 좋아하는 롤모델은 켈리 최와 오드리 헵번이다. 꼭 닮고 싶은 사람들이다.

론다 번의 『시크릿』에서 말하는 끌어당김의 법칙은 비슷한 것끼리 끌어당긴다는 뜻이다. 그렇기에 뭔가 생각하면 그와 비슷한 생각들이 당신에게 끌려오게 된다. 당신이 생각할 때 그 생각은 우주로 전송되어 같은 주파수에 있는 비슷한 것들을 자석처럼 끌어당긴다. 당신은 인간 송신탑이다. 인생이 달라지기를 바란다면 생각을 바꿔서 주파수를 바꾸라. "나는 내 생각의 주인이다."라는 문구를, 자주 말하고, 자주 명상하라. 그러면 끌어당김의 법칙에 따라 말한 대로 될 것이다. 당신은 무엇이든 원하는 대로 되고, 하고, 얻을 수 있다. 내 인생에서 나타나는 모든 현상은 내가 끌어당긴 것이고, 내 마음에 어떤 생각이 일어나면, 나는 끌어당긴다는 것이다.

론다 번의 『시크릿』이라는 책을 좋아하게 된 계기가 있다. 그녀는 중학교를 졸업하고 공장에 다니면서 야간고등학교를 다녔다. 돈을 벌어 일본, 프랑스 유학을 하고 사업을 하다 40세에 10억의 빚을 졌다고 한다. 극심한 슬럼프에 빠져 우울한 날들을 보냈지만 극복하여 5년 만에 사업으로 엄청난 부를 축적한 한국인 사업가이다.

이 책을 60번 넘게 읽는 사람이 있다. 영국의 400대 부자에 들어간 한국 여성, 켈리 최라는 사업가이다. 이분을 좋아하는 이유는 바로 '선한 영향력'을 실천함을 강조하기 때문이기도 하다. 긍정적인 에너지를 갖기 위해 여러 책을 읽기 시작했으며 특히 『시크릿』은 성공에 많은 도움을 주었다고 한다.

빚에 찌들어 살다가 다시 일어서기 시작할 때, 제일 먼저 한 일이 몸을 만드는 것이었다고 한다. 하루에 4~5시간을 걸었다고 한다. 살이 쪘던 몸이 날씬해지고 복근도 생기고, 체력도 생기고, 무엇보다 절망에 빠져 있을 때 살쪘던 몸이 예쁘게 살이 빠지니까, 자신감이 생겼다고 한다. 현재의 생각이 미래를 만들어낸다. 원하는 것을 결정하라. 이루어질 수 있다고 믿어라.

나 또한 나이도 많고 지금 뭘 시작한다는 것이 자신이 없을 때가 많다. 중년의 나이가 되면 뭘 다시 시작한다는 것도 많이 망설여진다. 뭘 할지 망설여질 때는 건강부터 관리하자. 아무리 돈이 많다고 해서 하나뿐인 목숨과 바꿀 수는 없다. 자신이 사라지고 나면 아무리 돈이 많은들 무슨 소용이 있을까. 아무리 돈이 많아도 몸이 아프면 의욕도 사라진다. 의욕이 사라지면 무엇인가 하고자 하는 열정도 사라진다.

돈이 좀 없더라도 몸이 건강하면 무엇을 이루고자 하는 열정이 끓어오른다. 내가 아는 친구 중에 매우 부지런하고 열심히 사는 친구가 있다. 그 친구는 자신의 건강을 1순위로 여긴다. 살아보니 돈은 좀 부족해도 건강이 젤 중요하다는 걸 깨우쳤다는 것이다. 돈을 벌기 위해 열심히 살았지만 건강을 잃어보니 인생이 허무하다는 것이다. 돈을 벌기 위해 건강을 잃고 이제는 건강을 되찾기 위해 돈을 쓴다며 웃으면서 말했다. "친구야, 뭐니 뭐니 해도 건강이 최고다. 특히 우리 나이 때는 말이야." 건강할 때 건강을 지켜야 한다고 신신당부를 하였다. 친구는 작은 사업을 하였는데 사업이 잘 되지 않아 밤낮없이 일하고 신경을 쓰는 바람에 스트레스를 너무 받았다. 시댁과도 사이가 좋지 않아 힘들어하였다. 자기 몸을 혹사시키고 가만히 두지 않았다. 암세포가 몸에 자란 것이다. 좌절을 겪고 몇 년간 항암 치료와 운동과 종교적 믿음으로 암을 이겨낸 것이다. 아프고 난 뒤부터 친구는 달라졌다. 일을 많이 줄이고 운동을 생활화하였다. 하루도 거르지 않았다. 둘이 같이 호수공원을 운동할 때도 가끔 있었다. 풀이 많아 벌레가 보일 때도 있었다. 난 벌레에 깜짝 놀라 기겁을 하면, 친구는 살아 있는 모든 것이 아름답게 보인다며 웃고 넘겼다. 모든 것을 긍정적으로 보게 된 것이다. "너 완전 세상을 달관했네." 하고 농담을 던지며 운동하던 기억도 난다.

친구는 간절하였다. 꼭 건강해져서 아이들과 못다 한 시간을 보내고 추억도 많이 쌓고 재미나게 한번 살아보고 싶다고 했다. 아파보니 돈이 인생의 전부가 아니라고, 또 부정적인 생각이나 걱정은 안 한다고 하였다. 부정적인 생각과 걱정은 몸과 정신을 좀먹는 행위라고 말했다. 나 또한 비슷한 일을 경험하였다.

친구처럼 큰 병원 갈 정도는 아니지만 30대에 갑상선 기능 이상이 생겨 오십이 넘은 지금까지도 약을 먹고 있다. 육아와 집안일로 힘이 드니 부정적인 생각과 스트레스로 엄청 힘들어했다. 슬기롭게 대처했어야 했는데 그렇지 못하였다. 나 자신을 내가 학대한 것이다. 몸에 과부하가 걸린 것 같았다. 어느 날 청소기를 돌리면서도 잠들어 있고, 밤에 잠을 잤는데도 하루 종일 피곤하고 잠만 잤다. 밥 먹다가 숟가락이 바닥에 떨어져 깜짝 놀라 깬 적도 있었다.

힘들다고 불평불만을 하고 남 탓을 하면서 긍정적이지 못한 마음으로 생활하였다. 몸도 힘들었을 것이다. 내가 나를 사랑하고, 내가 행복해야 다른 사람을 진정으로 사랑하고 행복하게 해줄 수 있다. 나이가 들어서도 친구와 나는 옛날이야기를 하며 우리 건강하게 멋지게 늙어가자고 했다. 친구도 건강을 최우선으로 생각하고 긍정적으로 사니 몸도 많이 좋아지고 일도 잘된다고 하였다. 나 또한 더 이상 건강이 나빠지지 않게 운동하고 재테크도 하며 즐겁게 잘 지낸다. 모든 도전에 나이 탓을 하지만 나이는 문제가 되지 않는다. 마인드의 문제이다.

중년 이후에는 시간을 내 마음대로 보내며 하고 싶은 일을 할 수 있을 거라 생각했다. 어느덧 중년이 되고 보니 살림만 하고 가족 일에서도 조금은 자유로워졌다. 그러나 선뜻 뭘 할지 항상 생각하고 고민이 많다.

내 마음속에 무슨 생각이 들었는지 나 자신 이외는 아무도 알지 못한다. 어느 날 모임에서 각자 좋아하고 닮고 싶은 사람이 누구인지 말해보기로 하였다. 나이 들어도 롤 모델이 필요하다고 했다. 그래야 발전되고 도태되지 않는 삶을 살아갈 수 있다고 생각한 것이다. 닮고 싶은 사람은 많지만 성공을 하려면 어떻게 해야 하는지 제시해준 나의 롤 모델은 성공한 사업가 켈리 최이고 또 한 명은 외모만 아름다운 것이 아니라 내면까지도 아름다운 오드리 헵번이라고 말했다.

오드리 헵번은 세계에서 가장 사랑을 많이 받은 영화배우이면서 많은 사람의 롤 모델이기도 하다. 오드리 헵번은 배우로 활동하면서 1988년 유니세프 친선대사가 된 뒤로는 어린이 구호 활동과 기부 활동을 하며 봉사하는 삶을 살다 세상을 떠났다. 영화 〈로마의 휴일〉, 〈티파니에서 아침을〉을 통해서 여성들의 로망이 되었다. 오드리 헵번은 소녀같이 작은 얼굴에 그려놓은 듯 진한 눈썹과 커다란 눈망울, 시원한 입매, 그리고 늘씬한 몸매를 가진 그야말로 '미인'이다.

하지만 영화 속 그녀의 모습에 뒤지지 않게 그녀의 삶 또한 아름다웠다. 그녀는 1987년 유니세프 기금 마련을 위한 자선 행사에 참여한 계기로 유니세프에 직접 전화를 걸었다고 한다. 그녀의 유니세프 친선대사 활동은 그렇게 가볍게 시작되었다. 누구보다 아름다운 모습으로 편안하고 넓은 집, 더 누릴 수 있는 명성을 두고 자신이 무엇을 할 수 있는지에 대해 고민하고 적극적으로 찾아 나선 것이다. 예순이 넘은 나이에도 불구하고 그녀는 멈추지 않고서 에디오피아, 수단, 방글라데시, 소말리아의 처참한 현장을 넘나들었다. 그녀는 자신이 다른 사람에게 선한 영향력을 행사할 수 있음을 알고 온몸으로 나눔을 실천했다. 오드리 헵번이 남긴 아름다운 말들 중에 이런 말들이 있다.

"한 손은 당신 자신을 돕는 손이고, 한 손은 다른 사람을 돕는 손이다."

"날씬한 몸매를 갖고 싶으면 당신의 음식을 배고픈 사람과 나눠라."

"세월이 가면 자신의 변화를 직접 목격할 수 있다. 그 사실을 직면해야 한다. 누구나 그 과정을 겪는다는 현실을 받아들이고 주름과 흰머리를 발견했을 때 받게 될 끔찍한 충격에 준비하는 게 좋다."

미리 조금씩 준비해야겠다는 생각을 해본다. 내가 원하는 것은 이미 내 마음속에 다 있으니 소원을 이루도록 노력할 것이다. 세상은 할 수 있다고 믿는 대로 이루어질 것이다. 경제적 자유와 행복으로 가는 길은 이미 당신 마음속에 있다.

2

새로운 경험과 도전을 두려워하지 않는다

인생은 새로운 경험과 도전이다. 누구든 자기 자리에서 새로운 뭔가가 필요할 때 새로운 경험과 도전이 시작된다. 전업주부인 나도 아이들이 어느 정도 크니 나를 찾고 싶어 시간을 쪼개어 새로운 무언가에 도전을 시도한다. 때로는 두렵기도 하지만 새로운 경험과 도전은 항상 뿌듯하다.

국민학교 고학년 때 처음 자전거를 배웠던 기억이 난다. 오빠 친구들과 놀다가 자전거 타기를 도전하게 되었다. 맨날 오빠 뒷자리에 앉아 자전거만 타다가 오빠 친구가 잡아줄 테니 걱정 말고 직접 타보라고 하였다. 겁이 났지만 망설이다가 도전하였다. 처음 탈 때 잡아주던 오빠 친구가 뒤돌아보니 보이지 않았다. 내릴 때 못 내려 남의 집 대문에다가 처박은 기억이 난다.

생각해보면 삶은 새로운 도전의 연속이다. 그때도 두려워하면서도 도전해서 자전거를 배우게 된 것이다. 첫 운전을 할 때도 무섭고 불편하고 겁이 나서 운전 배우기를 하지 않았다면 아이 셋인 나는 불편하게 일상생활을 하였을 것이다. 아이들과 외출도 자주 못 했을 것이고 불편한 생활을 했을 것이다. 그때 운전면허를 따고 겁이 나도 배워두길 잘했단 생각이 든다. 운전은 정말 잘 배운 것 같다. 처음에는 뭐든 두렵고 어색하겠지만 누구든 단계를 거쳐야 잘할 수 있다.

아이가 걷기 위해선 수천 번에 가까운 연습이 필요하다. 넘어져보기도 하고 그에 따른 고통을 느껴보는 것도 아이에게 있어 중요한 경험이다. 아이 스스로 성취감을 맛볼 것이다. 어릴 때의 좋고 나쁜 경험들이 쌓여 결국 인생의 자양분이 된다. 최대한 해가 되지 않는 범위 내에서 다양한 경험을 해볼 수 있도록 부모가 배려해야 한다.

우리의 인생은 새로운 경험과 도전의 연속이다. 대부분의 사람들은 한

번 안 되면 금방 포기하는 경향이 있다.

커넬 할랜드 샌더스는 끊임없는 도전으로 고난과 역경을 딛고 성공한 사업가의 대표적 이름으로 알려져 있다. 세계적인 치킨 체인점 KFC(켄터키 자유 이들 치킨)에 가면 있는 하얀 양복을 입고 검은 뿔테 안경을 쓴 배불뚝이 할아버지 동상을 떠올리면 된다. 그는 아버지를 일찍 여의고 어머니와 어린 두 동생과 함께 살았다. 12세가 되던 해 어머니마저 재혼으로 고향을 떠났고, 어린 동생들을 돌보며 닥치는 대로 일을 했다고 한다. 두 동생을 혼자 돌보다 보니 요리 실력만큼은 누구에게나 뒤처지지 않았다고 한다. 40세의 나이가 되어 어느 정도 돈이 생긴 샌더스는 켄터키주 코빈의 국도 주유소 옆에 작은 식당을 차리고 배고픈 여행객을 위해 닭고기 요리를 만들어 팔기 시작했다고 한다.

식당도 점점 번창했다. 그러나 행복은 오래가지 않았다. 장사는 처음에는 순조로웠지만 1년 만에 원인 모를 화재로 가게가 불에 탄 것이다. 부인과 아이들까지 떠나버렸다. 식당은 경매로 넘어가고 샌더스는 노숙생활을 시작했다. 샌더스는 노숙자 생활을 하던 중에도 독특한 닭튀김을 개발하는 데 몰두했다. 그리고 계약을 맺기 위해 전국의 음식점을 찾아 다녔다. 하지만 그는 많은 나이 때문에 무시당하기 일쑤였으며 그의 요리법 역시 1,008번이나 거절을 당했다고 한다. 그리고 그가 68세 되던 해 1,009번째로 찾아간 레스토랑에서 계약을 따내게 되었다.

잠은 차에서 자고 세면은 고속도로 휴게소 화장실에서 해결했다. 8년 동안 전국을 떠돈 그는 600여 개의 체인점을 확보할 수 있었다. 샌더스의 끈질긴 도전 덕분에 현재는 세계 100여 개 나라에 1만 3,000여 곳의 매장을 가진 세계적인 프랜차이즈로 성공할 수 있었다. 그는 이런 말을 남겼다.

"현실이 슬픈 그림으로 다가올 때면, 그 현실을 보지 말고 멋진 미래를 꿈꾸세요. 그리고 그 꿈이 이루어질 때까지 앞만 보고 달려가세요. 인생 최대의 성공이 숨어 있답니다."

지금 내가 새로이 도전하는 건 골프와 글쓰기이다. 골프는 글쓰기보다 일찍 시작했지만 아직도 배우는 중이다. 이제 와서 무슨 골프냐며 손목도 아프고 너무 늦은 나이에 하면 허리에 무리도 가고 오히려 건강에 안 좋을 수도 있다면서 주위에서 말리던 언니도 있었다. 자기는 하던 골프도 그만두었다면서 오십이 넘은 나이에는 좀 늦었다는 것이다. 하던 수영이나 계속하는 것이 몸에 무리가 안 간다는 것이었다.

수영도 좋은 운동이지만 오래 하다 보니 새로운 것을 하고 싶었다. 글쓰기도 글도 써본 경험도 없고 재능도 없으면서 갑자기 왜 글쓰기 작가냐며 작가 아무나 하는 거 아니라고 주변에서 엄청 말렸다. 글 쓰는 일이 쉬운 일이 아니다. 물론 나도 새로운 경험이고 도전이라 망설여지는 건 사실이다. 나이가 들면 더욱 새로운 경험과 도전에 자신이 없어지고 익숙한 일만 찾게 된다. 난 무조건 시작해보기로 했다.

"지금 나이에 내가 무얼 하겠어?", "지금 내가 할 수 있을까." 새로운 분야에 도전하는 것을 나이 때문에 망설이는 경우가 많은데 세계적으로 성공한 유명인 중 늦은 나이에 빛을 본 경우도 많다.

주위 지인들이 입버릇처럼 내뱉는 말들이다. 일단 시작해보고 아니면 그때 포기하면 안 되냐고 말을 해보지만 시작할 의욕조차 없어 보였다. 더 나이 들면 우리들이 원했던 것들을 할 시간이 없다는 것을 깨닫는 순간이 올 것이다. 한 살이라도 젊을 때 하고 싶은 것에 도전하고 경험하자. 그냥 하면 된다.

오프라 윈프리는 세계에서 가장 영향력 있는 여성 중 하나다. 미국인은 물론 세계 유명인들은 그녀가 진행하는 〈오프라 윈프리 쇼〉에 출연하고 싶어 한다. 그녀는 방송인을 꿈꾸는 젊은이들의 롤 모델이다. 오프라 윈프리는 가난한 흑인 가정에서 사생아로 태어났다.

어린 시절에 부모님의 사랑이나 보살핌을 받지 못하고 어머니와 아버지 집을 오가며 불안정하게 보냈다. 더구나 아홉 살 어린 나이에 사촌 오빠에게 성폭행을 당하고, 몇 년 동안 친척 남자들에게 성적 학대를 당했다. 오프라 윈프리는 혼란과 고통, 자책 때문에 심한 정신적 고통을 겪었다고 한다. 그녀는 마음속에 가득 찬 분노와 고통을 잊기 위해 공부에 더욱 집중했고 덕분에 우수한 학생으로 인정받았다. 그러나 흑인 여성, 가난한 생활 등은 자신이 아무리 노력해도 변하지 않는다는 것을 알고 방황하였다. 걷잡을 수 없는 방황은 미혼모로 치달았고, 아버지가 누군지도 모르는 아기는 태어난 지 얼마 안 돼서 죽었다. 윈프리는 죽고 싶은 심정이었으나 죽음 대신 진학을 택했고, 많은 책을 읽으며 좌절을 극복해갔다.

그녀는 숨기고 싶은 과거를 당당하게 고백했고, 이 고백은 상처 입은 사람들의 마음을 열게 했다. 말 잘하는 재주와 다른 사람의 가슴을 열게 하는 따뜻함을 지닌 공감 능력으로 그녀는 세계가 인정하는 토크쇼의 여왕이 된 것이다. 그녀와 마주 앉으면 대부분 허울을 벗어 던지고 진솔한 인간으로 돌아간다. 대통령부터 마약 중독자까지 3만 여 명을 출연시켰다. 고통을 고통으로 끝내지 않고 다른 사람의 상처를 보듬는 능력으로 승화시킨 그녀는 과거에 갇혀 괴로워하는 많은 사람들에게 희망과 도전을 준다. 불우한 환경과 불행한 과거를 극복하고 세계에서 가장 영향력 있는 여성이 된 오프라 윈프리는 청소년들의 손색없는 롤 모델이다.

그녀가 성공에 만족했다면 그냥 성공한 방송인에 그쳤을지도 모른다. 그러나 자신이 받은 사랑을 사회에 환원하는 모습은 눈이 부실 정도로 아름답다. 미디어 사업으로 억만장자가 된 그녀는 자신이 받았던 사랑을 전 세계 외롭고 상처받은 사람들에게 돌려주고 있다. 모든 사람들은 오프라 윈프리의 파란만장한 인생을 만나며 역경을 극복하는 태도와 나눔을 실천하는 자세, 잠재력을 강점으로 사용하는 법을 배우게 될 것이다. 그는 하루 동안 다섯 번을 감사하는 삶을 영위한다고 전한다.

윈프리가 한 말 중에 "당신 인생을 책임지는 사람은 당신 자신입니다.", "도전하지 않으려는 것이 인생에서 가장 위험한 일입니다."라는 말이 있다.

우리 모두 살아가면서 좌절하거나 시련을 겪더라도 새로운 경험과 도전을 두려워하지 않기를 바란다. 새로운 경험과 도전은 우리의 인생 후반전을 더욱 빛나게 할 것이다.

3

나의 가장 친한 친구는 나 자신이다

나와 함께 시작하는 가장 친한 친구는 나 자신이다. 내 마음은 내 마음인데 왜 내 마음대로 되지 않을까? 어떤 날은 이유 없이 우울하고, 어떤 날은 행복하다. 현재의 나의 나 된 모습은 과거의 하나하나 쌓아온 모든 것의 결과물이다. 우리는 다른 사람을 알아가고 관심을 가지면서 자기 자신이 뭘 원하는지는 돌보지 않고 관심이 부족한 것 같다. 사람들이 어떤 음식을 좋아하는지, 어떤 옷을 즐겨 입는지, 좋아하는 일은 무엇인지 관심을 가지면서 정작 나 자신을 모른 채 삶을 살아가고 있다. 세상을 살아가는 것은 결국 '나'이고 인생의 주인공은 나 자신이다.

장서우의 『나는 나와 잘 지내고 있습니까』에는 이런 말이 나온다.

"일단은 '나'를 한 번 제대로 만나 보세요. 나라는 사람이 대체 누구인지 시간을 두고 차근차근 알아가는 겁니다. 사랑하는 연인을 만날 때처럼요. '나'와 '내'가 단둘이 다정한 시간을 보낼 수 있게 된다면 외로움이 경감된다는 것은 물론이고 자존심도 올라가 있을 겁니다."

사람은 누구나 행복하기를 원한다. 우연히 〈툴리〉라는 영화를 보게 되었다. 가벼운 마음으로 본 영화였는데 보고 나서 슬프고 공감이 가서 엄청 울었던 기억이 난다. 엄마의 삶이 외롭고 힘든 과정이기 때문이다. 아이 셋을 키우며 지쳐가는 여성의 모습을 현실적이면서 따뜻하게 그린 현실적인 영화다.

마를로는 세 아이의 엄마다. 신발도 제대로 못 신는 첫째, 장애를 가진 둘째, 게다가 새로 태어난 막내까지, 육아에 지친 엄마가 고민 끝에 보모를 부른다. 단순히 도우미가 아닌 소중한 친구가 되어준 그녀와의 특별한 만남이 시작된다. 그녀의 남편 드류는 퇴근하면 쉬면서 게임하기 바쁘다. 육아에 거의 참여하지 않는다. 또한 보모 툴리는 주인공이 만들어낸 가상의 인물, 즉 20대의 가장 빛났던 주인공 마를로 바로 자신이었던 것이다. 마를로 역시 마찬가지이다. 결혼과 출산으로 자신을 잃어버리고 스스로 버티기 위해 또 다른 자아인 '툴리'까지 만들어내야 할 정도로 힘들었던 것이다. 아마도 이 영화의 주인공 마를로는 피할 수 없는 힘든 상황에서 가상의 친구를 만들어 대화하고 위로 받고 위기를 극복하려고 했던 것 같다. 산에서 길을 잃고 삶과 죽음의 기로에 섰던 어느 산악인은, 극한 상황에서 자신을 둘로 나누어 대화를 나누며 살아남았다고 한다.

육아와 출산은 여성의 삶에서 최고의 선물이자 또한 힘든 삶이다. 나 또한 세 아이 육아로 너무나 힘이 들었다. 귀에선 윙윙거리는 소리가 나고, 아이를 낳고선 잠을 이루지 못했다. 너무나 작고 가녀린 아이가 잘못되면 어쩌나 싶어 몇 번이고 숨을 쉬는지 확인해야만 잠이 들었다. 세 아이 육아로 힘이 들 땐 아이들이 잠들어 있는 새벽이면 아침이 오지 않고 이대로 잠들어버렸으면 좋겠다는 생각도 하였다. 그럴 때면 나 역시 20대 때의 아름답고 행복했던 지난 시절을 추억하곤 했었다. 아이들이 다 자랐지만 지금도 그때를 생각하면 어떻게 헤쳐 나왔는지 나 스스로가 대단하다.

페이 헤이즈의 저서 『니체의 인생 상담소』에는 이런 말이 나온다.

"가난하든 부유하든 우리의 영혼은 때때로 '고아'처럼 떠돈다. 그러나 반드시 기억해야 하는 사실이 하나 있다. 그건 언제 어디서든 단 한 사람만큼은 늘 내 곁을 지킨다는 사실이다. 바로 나 자신이다. 그러므로 강인한 마음의 기초를 세우려면 먼저 자신을 이해하고 존중하며 소중하게 여겨야 한다."

특히 현대인은 자기 일에 신경 쓰느라 바빠서 다른 사람의 일에는 별로 관심을 보이지 않는다. 나만큼 나에 대해 알지도 못하고 관심도 없다. 나만큼 나를 이해해주지도 못한다. 모든 사람들은 자신의 경험 안에서만 조언해주기 때문이다. 성공한 사람들은 공통점은 자신을 귀하게 여기고 자신을 가꾸는 사람들이라는 것이다. 있는 그대로의 모습으로 만족을 느끼고 자신을 사랑하는, 충분히 빛나는 사람이다.

나에게 오래된 학창 시절 친구들이 여럿 있다. 그들 중 무엇이든지 맡은 일이라면 열심히 하는 친구가 있다. 카페와 음식점을 운영하다 이제는 두 곳을 합쳐 땅을 사서 2층 건물을 지어 제법 크게 카페를 운영하고 있다.

항상 책임감이 강해 밝은 얼굴로 손님을 응대하다 보니 손님들로 붐볐다. 자기 자신을 혹사하면서까지 일을 하다 보니 쉴 틈이 없어 보였다.

아르바이트를 쓰면서도 자기가 없으면 안 될 것 같아 매일 나간다고 하였다. 오전에는 자기 볼일을 보고 저녁 늦게 가게 문을 닫고 처리해야 할 일들이 있어 잠이 늘 부족하다고 하였다.

내가 농담 삼아 "그 돈 다 벌어서 뭐하냐?"라고 물으면 성격이라 어쩔 수 없다면서 자기가 안 하면 뭔가가 불안해서 쉴 수가 없다고 하였다. 그러면서 몸이 아프니까 자기도 하고 싶은 일을 하고 취미 생활도 하며 삶을 즐기고 싶다고 하였다. 친구는 집안 사정으로 어린 시절 엄마가 멀리 일하러 가셨다고 한다. 아버지가 아프셔서 집안의 모든 살림을 자기가 거의 도맡아 하고 아버지와 동생들을 자기가 돌보다 보니 막중한 책임감으로 살았다고 한다.

이제는 하지 않아도 되는데 습관이 되어서 쉬고 싶어도 쉴 수가 없다고 했다. 하지만 이제는 그만두고 쉬겠다고 했다. 살림도 잘하고 아이들에게도 최선을 다하고 집안 정리정돈도 깔끔하게 먼지 하나 없었다. 중년의 나이에 몸매 관리도 잘해 엄청 부럽기도 하다. 친구도 이제는 이 일을 그만두고 쉬고 싶다고 하였다.

학창 시절 친구이지만 성격이 나오는 정반대였다. 자기 자신을 쉽게 하지 않았다. 그런데 둘은 다른 성격이면서도 자주 만나 고민도 얘기하고 잘 지냈다. 나도 나 혼자 몸일 때는 나름 정리를 잘한다고 생각하였는데 애가 셋이다 보니 포기할 건 포기하게 되었다. 성격이 반대인 친구는 우리 집에 놀러 오면 빨래도 개어주고 집안 정리도 하고 요리도 자기 집처럼 하였다. 내 집인데 내가 도와주는 입장이고 친구가 앞장서서 하는 것이다. 아이들 데리고 나들이할 때도 빠뜨리는 물건들을 친구가 챙겨주어 참 고마웠다. 사람을 좋아하고 꾸밈없고 스스럼없이 사람을 대하는 내가 참 좋다고 하였다.

어느 날 친구가 병원에 입원하였다고 연락이 왔다. 과로로 쓰러진 것이다. 병원에 입원해 있으면서 느낀 게 많다고 했다. 아이들은 아이들대로 잘 지내고 밥도 못 챙겨 먹을 것 같은 가족들이 자기가 없어도 잘 살아간다는 것이었다. 가게도 매출이 줄지 않고 잘 유지해나간다는 것이다. 자신이 직접 다 하지 않아도 해결되더라는 것이다. 왠지 자기가 없으면 안 될 것 같은 것은 큰 착각이었다는 것이다.

자기 자신이 다 하지 않아도 된다는 것을 깨달았고, 자신을 좀 더 아끼고 사랑하고 싶다고 했다. 이제는 아이들이 대학을 졸업했으니 자기 자신이 하고 싶은 일을 하고 살고 싶다고 했다. 남편은 다니기 싫은 직장을 그만두고 카페 일을 보게 되었고 친구는 아르바이트를 하면서 취미 생활을 하고 있다고 연락이 왔다. 너무 자기 자신을 혹사시킨 것 같다며 나 자신의 돌보면서 자신의 내면의 소리에 귀 기울이며 살아가고 싶다고 하였다. 아팠던 것이 많은 걸 생각하는 계기가 되었다고 하였다.

진정 자신에게 관심을 기울이는 사람은 자신밖에 없다. 그러니 내가 나를 존중하고 아껴주지 않으며 누가 나를 구원해주겠는가. 먼저 자기 자신을 돌보며 소중하게 여겨야 돈도 의미가 있고 행복이 있는 것이라고 생각한다. 내 곁을 지키는 나의 가장 친한 친구는 자기 자신이기 때문이다.

4

나는 20대보다 지금이 더 좋다

어느새 눈떠보니 50대 중반이 되어간다. 나이를 먹으니 시간이 더 빠르게 흘러가는 듯하다. 나이 마흔을 불혹, 쉰을 지천명이라 했다. 쉰은 하늘의 명을 깨닫는 나이라고 한다. 요즈음은 백세 시대이다. 100세 인생으로 보았을 때 오십은 인생을 딱 반쯤 살았다. 요즘은 재수 없으면 120세까지 산다고 유튜브에서 농담처럼 하는 소리도 생겨났다.

나도 나이 오십을 훌쩍 넘겨 중반을 향해 가고 있다. 현재를 살아가는 수많은 청년들이 스펙 쌓기와 취업 걱정에 하루하루 근심만 쌓여가는 현실 속에서 자신의 삶에 만족하고 있을까? 젊었을 땐 인생을 잘 몰라서 이리 뛰고 저리 뛰고 좌충우돌하던 시절, 도전하며 기뻤던 날도 많았지만 슬프고 삶이 불안하던 적도 많았다.

나의 이십 대 시절은 찬란했던 동시에 너무나 힘들고 외로웠다. 이십 대에는 많은 것을 경험한다. 첫 사회생활을 하면서 경쟁하고 도전했던 경험, 학교와는 다른 직장에서의 초년생이 되어 세상살이가 힘들다는 것도 알았다. 하지만 지금 지나간 20대를 보면 힘들었던 지난 삶이 하나의 추억으로도 간직되었고 한편으로는 많은 상처로도 남아 있다. 나의 이십 대에 울고 웃었던 시간이 있었기에 지금의 내가 있는 것이다.

지나간 시간을 후회하는 사람들도 많지만 반대로 지금 이 순간이 최고라고 하는 사람들도 있다. 나는 후자다. 어제의 시간은 지나갔고 내일은 오지 않았으니 지금이 제일 중요한 시간이다. 20대인 스물일곱에 결혼하여 첫째 아들을 낳고 스물아홉에 딸을 낳았다. 서른셋에 또 아들을 낳았다.

이십 대에 연애하고 대학 다니면서 온갖 아르바이트를 하고 졸업과 동시에 직장생활로 열심히도 살았다. 이십 대에 결혼을 하고 두 아이를 낳아 양육하면서 정신없이 바쁘게 20대를 보냈다. 나 자신을 돌보지 못하고 그렇게 살다 보니 어느덧 50대 중반이라는 나이에 가까워졌다. 나의 20대는 활기차기도 하고, 아프기도 하고, 힘들고 기쁘기도 하였다. 알 수 없는 걱정과 미래에 대한 불안감으로 두렵기도 하였다. 지나간 20대를 보면 힘들었던 순간마저도 삶의 일부분이 되었다는 생각이 든다. 울고 웃었던 시간이 있었기에 지금 이 순간이 있지 않을까?

오늘 오랜만에 딸아이와 홍대거리를 걷게 되었다. 여기저기 구경하고 걷다 보니 20대의 나의 모습이 떠올랐다. 성실하게 하루하루를 살았다. 노력한 하루하루가 쌓이면 더 나은 삶이 가능할 거라고 믿으면서 열심히 살았다. 진로와 취업을 고민하고, 사회적, 심리적, 인간적으로 가장 힘든 나이가 20대의 시절이었던 것 같다. 그렇지만 다양한 경험을 즐겼던 모습, 날씬하고 예뻤던 모습 등 20대의 모든 기억과 경험이 세상을 살아가는 밑바탕이 된 것 같다. 이제는 조금 덤덤히 살아가는 법을 배워야겠다.

김영아의 『나와 잘 지내는 연습』에는 이런 글이 있다.

"지금의 삶이 너무나 불행하고 살아야 할 의미를 찾을 수 없다면 나는 간절히 과거의 어느 지점으로 돌아가고 싶을 것이다. 과거에 집착하지 않는 삶은 현재의 나를 회복했다고 말할 수 있다. 다행스럽게도 이들은 '지금 여기'에 서 있는 그대로의 나를 받아들일 수 있는 건강한 성격을 지니고, 행복한 삶을 살아가고 있는 것이다. "

나 역시도 아무리 예뻤던 시절, 잘나가는 시절이라도 과거로 돌아가고 싶지 않다. 지나간 과거가 아쉬움도 있지만 과거를 기반으로 하여 차곡차곡 쌓여 현재의 내가 있기 때문이다. 하루하루가 행복한 삶은 아니지만 지나간 삶보다 현재의 삶에 만족하고 있다.

중년은 참 좋은 나이다. 여행하기에도 좋고, 가족을 돌보기보다 나를 돌아봐도 괜찮은 시기이다. 아이도 독립, 나도 독립이다. 어느 정도 경제적으로 여유도 생겼다. 그동안 못 해본 일에 도전도 해볼 수 있고 나만의 재미있는 일도 즐기면서 살아볼 것이다. 젊었을 때 갖지 못한 살아온 경험과 지혜를 바탕으로 인생 후반전을 멋지게 살아봐야지. 내가 재미있게 살면 돈도 덤으로 따르더라. 사람들은 나이 먹는 것에 대하여 안타까워한다. 과거는 지나갔다. 대부분 사람들은 지나간 과거를 그리워하고 미래에 대한 근심 걱정으로 산다.

친구 J는 아이 셋을 두고 이혼을 했다. 남편이 키우기로 하고 자긴 몸만 나왔다고 했다. 나도 아이 셋을 키우면서 힘들어 남편에 대한 불만을 친구 J에게 털어놓았다. 그런데 자기는 이혼한 것을 후회한다고 하였다.

그 당시엔 너무 화가 나서 이혼하였는데 세월이 지나고 보니 그렇게 화낼 일도 아니라고 했다. 옆에 있을 때 남편한테 잘하라고 했다. 다시 합치고 싶어도 남편이 이미 재혼을 한 상태라고 했다. 아이들한테도 너무 미안하고 사는 게 힘들다고 했다. 그렇지만 과거는 후회해봤자 소용없다면서 지금 열심히 살아가고 하는 일에 만족하며 살아가고 있다고 말했다.

나 역시 이십 대의 추억이 가끔은 그립기도 하지만 돌아가고 싶지는 않다. 나름 매 순간 최선을 다해 행복하고 아파했으니 후회는 없다. 현재의 삶에 충실하며 앞으로 다가올 삶 또한 기대된다. 나이가 들어가는 것은 두려움이 아니라 또 다른 기쁨이 될 수가 있다.

「지금 이대로 좋다」

인생은 수를 놓는 것과 같다.

인생은 수를 놓는 것과 같습니다.

하루하루 순간순간 겪는 것이 인생입니다.

꽃을 놓든 잎을 놓든 배경을 만들든

수를 놓는 사람에게는

다만 한 땀 한 땀일 뿐입니다.

어떤 일을 겪든

순간순간이 다 소중한 나의 인생입니다.

어느 순간도 버릴 것이 없습니다.

아무리 똑같은 일이 반복되는 것 같아도

인생에 반복은 없습니다.

꽃을 여러 개 수놓는다고 해서

똑같은 꽃이 아닌 것과 같습니다.

오늘만 새롭게 출발하는 것이 아니라

나날이 새로운 출발입니다.

2장   재미있게 살다 보니 돈도, 행복도 생기더라   113

5

가족으로부터 독립하자

생각을 새롭게 한다는 것은 깨어 있는 의식을 바라는 것이다. 내 삶을 오롯이 즐기고 돌볼 줄도 알 때 남도 더 배려하는 마음이 자연스럽게 들 것이다. 좋아하는 사람들과 온기를 나누며 꿈꾸며 늙어가고 싶다. 젊었을 땐 인생을 몰라서 실수도 하고 남에게 상처도 주고 별거 아닌 일로 상처를 받기도 한다.

한국 중장년 세대 대다수는 늙고 병들어 오래 간병을 받아야 하는 상태가 될 경우 '가족에게 짐이 되는 것'을 가장 걱정하는 것으로 나타났다.

모든 사람은 각자의 개성을 갖고 있다. 나만큼 나를 잘 알 수 있는 사람은 세상에 없다. 그동안 나와 가족에게만 집중하였다면 이제는 이웃과 공적인 삶까지 조금 더 생각을 하면서 인생 후반부의 삶을 풍요롭게 살아가고 싶다.

시간적 여유가 많은 인생 후반부에는 젊은 시절에 하지 못했던 공부나 취미 등에 의욕적으로 도전하고 성취하면서 살고 싶다. 나이가 들면서 독립적인 삶을 살려면 건강과 경제적 자립이 어느 정도 있어야 된다. 특히 건강은 돈을 주고도 살 수 없다.

나 역시도 한번 찌운 살 때문에 항상 살과의 전쟁을 벌이고 있다. 그래도 꾸준히 운동한 덕분인지 큰 병과 성인병은 없다. 아이들이 성인이 된 지금 자녀도 더 이상 내 손이 필요하지 않는 나이가 되었다. 이제 우리 집은 20대 자녀들도 독립이고 50대의 나도 자녀로부터 독립인 셈이다.

남편도 회사 마치고 혼자 있는 시간을 즐기니 우리 가족은 각자 다 독립인 셈이다. 각자의 영역에서 바쁜 일과를 보내고 있다. 전업주부인 나도 남아도는 시간을 잘 활용하고 즐겨야 한다. 이제껏 쌓아온 경험과 다양한 지식으로 그동안의 가족 위주의 생활에서 나 자신을 위해 하지 못했던 다양한 취미나 공부를 하면서 시간을 쓰고 싶다.

내가 이루고 싶은 나의 버킷리스트가 여러 가지 있지만 그중에 크게는 세 가지가 있다.

이루고 싶은 세 가지 중 첫째가 건강하고 아름다운 몸매 가꾸기이다. 여자는 나이가 들어도 예쁘고 아름답고 싶어 한다. 매년 새해 목표로는 다이어트가 1순위이다. 아이 셋을 출산하고 키우다 보니 내 몸은 어느새 망가져 있었다.

그래도 다행인 건 인생의 황금기인 20대에는 다이어트를 생각해보지 않았다는 것이다. 먹어도 살이 잘 찌지 않는 체질이어서 키 163cm에 몸무게 45kg을 넘지 않았다. 피부가 희어서인지 뭘 입어도 잘 어울린다는 소리를 들었다. 그러나 임신과 동시에 방치한 탓인지 몸무게가 100kg 가까이 나간 적도 있었다. 임신과 출산을 반복하면서 이 몸으로 이제껏 살아온 것이다.

물론 중간에 무수히 많은 다이어트로 몸무게를 줄여보기도 했다. 하지만 다시 요요를 겪는 악순환이 반복되었다. 아이들이 다 큰 지금 조금은 살을 빼보았지만, 여전히 비만이다. 다시 한번 나를 되찾고 건강하고 아름다운 몸으로 살아보고 싶다는 생각은 든다. 나는 하루 1시간 운동과 식단 조절로 15kg 감량할 것이다.

그 목표를 이루면 보디 프로필에 도전해볼 것이다. 나이는 숫자에 지나지 않는다. 아직 인생의 절반밖에 지나지 않았다. 내 인생의 주인공은 바로 나이다. 다른 사람을 부러워하지 않고 멋진 모습으로 다시 한번 살아가고 싶다.

둘째는 경기도에 땅을 천 평 정도 산 뒤 전원주택 짓기와 전원카페 하기이다. 내가 자랄 때는 대부분 마당이 있는 주택에서 살았다. 지금은 신도시에 살고 있다. 생활은 편리해졌지만, 왠지 모를 답답함이 느껴지고 층간소음도 만만치 않다. 이러한 아파트 생활에서 벗어나 조금 더 여유 있고 한적하고 공기 좋은 곳에 1층에는 전원카페를 차리고 2층엔 전원주택을 짓고 살고 싶다. 그뿐만 아니라 사랑스러운 반려동물과 함께 살고 싶다. 사람들과의 만남을 좋아하는 나는 여유롭게 이곳에서 담소도 나누고 차도 마시며 지인들과 교류하고 싶다. 또한, 전원생활을 즐기면서 카페 운영으로 수익도 창출하고 싶다.

우리 가족도 도심 생활에 지쳐서 외곽의 경치 좋은 곳에 카페를 할 생각이 있듯이 손님들도 마찬가지일 것이다. 그들이 주말에 도심을 벗어나 자연과 어울리며 힐링하고 만족하면 나도 기쁠 것 같다. 우리나라 한옥

콘셉트를 생각 중이다. 아직은 정해지지 않았지만 이 콘셉트를 바탕으로 카페를 성공시켜 2호점, 3호점도 낼 것이다.

셋째는 100억 자산가 되어 선한 영향력 끼치기이다. 솔직히 결혼 전에는 돈에 큰 관심이 없었다. 집이 엄청난 부자는 아니었지만, 특별히 쪼들리지는 않았던 것 같다. 결혼 후 아이 셋을 키우면서 남편의 월급으로 빠듯하여 늘 돈 걱정을 해야 했다. 돈 때문에 스트레스를 받고 돈 때문에 싸우게도 되고 건강도 나빠졌다. 하고 싶은 거 하고 먹고 싶은 걸 먹기 위해서라도 돈을 많이 벌어야겠다고 생각했다.

무심코 남편에게 100억을 벌어야겠다고 선포했다. 세 아이를 어느 정도 키워놓으니 이제는 나 자신을 찾고 싶다는 생각을 많이 하게 된다. 그러기 위해선 첫 번째로 경제적으로 자유로워야 한다고 생각했다. 경제적으로 쪼들리면서 나 자신에게 투자할 수는 없을 것 같았다. 100억 목표를 세우고 난 매일 경제신문의 경제 관련 자료를 찾아 읽었다. 관심 있는 쪽 아파트나 땅을 자주 보러 다녔다. 종잣돈을 모으기까지는 아껴 쓰고, 발품을 팔고 공부해서 여러 투자도 해보았다. 공부하고 발품을 파니 성과도 좋았다.

웨인 다이어의 저서 『확신의 힘』에서는, 되고 싶은 것이 있으면 이미 되었다고 가정하고 그 가정을 믿으며 살아가야 한다고 한다. 아직 현실에 나타나지 않아도 자신이 원하는 모습이 되었다는 가정을 철저히 믿어야 한다고 한다. 그리고 새로운 가치나 의식의 상태가 현실 속에 나타날 것임을 확신해야 한다고 한다.

이처럼 나 자신을 믿고 할 수 있다는 생각으로 앞으로 더욱 전진해볼 것이다. 지금은 주식, 부동산 투자에 머무르고 있다. 하지만 어느 정도 현금이 확보되면 땅을 사서 힐링 전원카페와 힐링 캠프를 운영할 것이다. 도시인들이 지친 몸을 잠시나마 쉬면서 자신을 돌아볼 수 있는 힐링 체험원을 계획하고 있다. 부동산 공부도 좀 더 전문적으로 해서 내가 투자한 땅에서 내 사업을 해볼 계획이다.

그렇게 해서 첫 번째 목표인 100억을 모으고 월 5억을 벌 수 있는 시스템을 만들 것이다. 월 소득 5억이 되면 정신적 물질적인 것은 물론 마음도 여유로워질 것 같다. 돈을 벌어 나 자신, 내 가족뿐만 아니라 항상 다른 사람들에게 베풀면서 살아가고 싶다. 돈을 잘 활용해서 쓰고 싶다. 기부도 좋겠다. 배움과 자신을 좀 더 업그레이드 시키는 데 돈을 쓰는 것도 중요하다고 생각한다.

　이렇게 돈으로 선한 영향력을 끼칠 수 있다. 돈이 없으면 아무것도 할 수 없다. 돈으로 행복을 살순 없지만 돈은 불행과 고통을 덜어준다. 가정을 위해 수고한 나와 같은 전업주부에게도 조금이라도 할 수 있다는 용기와 힘을 주고 싶다.

6

거울 속 나를 보면서 주문을 걸자

성공한 사람들, 행복하다고 느끼는 사람들은, 아침마다 거울을 보며 스스로에게 주문을 건다고 한다.

"나는 충분히 훌륭하다."

"나는 사랑받을 존재이다."

주문을 거는 것이 성공의 비법이고 행복의 비법이라고 한다. 수없이 넘어지고 다치면서 내가 알게 된 것은 세상은 수많은 장애물과 위험한 것들로 가득하다는 것과 넘어져도 결국 혼자 힘으로 일어서야 한다는 거다. 지금 처지에 불만을 가지고 있다면, 가장 먼저 할 일은 마음을 바꾸고 주어진 임무를 성실하게 처리하는 것이다. 기분에 휘둘려서는 안 된다. 감정에 너무 치우쳐서도 안 된다.

50대 중반쯤 살아보니 삶이 그토록 소중하게 다가올 수가 없다. 하루하루를 건강하게 사는 것도 행복이고, 사랑하는 사람들을 매일 만날 수 있는 것도 행복이다. 맛난 음식을 먹을 수 있는 것도 행복이고, 젊었을 때 당연하게 느낄 수 있던 것도 행복이다. 햇살 가득한 아침을 맞는 것도 행복이다.

행복의 기준은 사람마다 다르다. 거울 속 나를 보고 나 자신에게 물어본다. 나는 잘살고 있는지, 지금 모습이 내가 원하던 모습으로 살고 있는지. 우리는 지금까지 다른 사람에게 들은 말, 주위 사람들과 자기 자신을 비교하면 살고 있는지도 모른다. 자신을 스스로 나이 먹었다고 말하지 말고 생각하지도 말아야 한다. 모든 것은 생각하는 대로 되는 것이다. 세월은 행복하게 사는 사람에겐 짧지만, 지루하게 사는 사람에게 한없이 길다.

제임스 알렌은 『나를 바꾸면 모든 것이 변한다』에서 이렇게 말했다.

"이 세상을 고뇌에서 해방시키고 싶다면 우선 나부터 그것에서 벗어나야 한다. … 각자에게 주어진 환경은 내면에 있는 눈에 보이지 않는 원인의 결과임에 틀림없다. 스스로 환경과 인생을 만들어가야 한다. 결국 나의 내면이 내 인생을 만드는 것이다."

우리의 인생은 한 치 앞도 알 수가 없다. 주어진 것들을 당연하게 생각하며 감사할 줄 모르고 살아간다. 아이로 인해 친하게 지낸 언니였다. 언니는 아들, 딸의 남매가 있었다. 아들은 아주 잘생기고 똑똑하고 어디 내놔도 자랑할 만한 아들이었다. 그런데 아들이 갑자기 교통사고가 났다며 사색이 되어 달려왔다. 나도 같이 가보았다. 119 구급차가 오고 병원으로 향했지만 아들을 먼저 하늘나라로 보내게 되었다. 나도 자식을 키우니 그 아픔을 헤아릴 수 없으니 그 어떤 말도 꺼낼 수가 없었다. 그 사실이 믿기지가 않았다.

아주 오래전 일이지만 지금도 눈물이 글썽여진다. 언니의 그 얼굴을 잊을 수가 없다. 세상을 다 잃은 망연자실한 모습에 나도 온몸이 굳어오는 걸 느꼈다.

자상한 남편, 예쁘고 똑똑한 딸, 남부러울 것 없는 가정이었는데 인생은 한 치 앞을 알 수가 없다. 좀 덜 기대하고 많이 사랑하면서 아이와 같이 시간을 많이 보낼 걸 하고 후회하면서 울음이 멈추지 않았다. 공부를 덜 시킬 걸, 일을 좀 덜하고 아이와 좀 더 많이 놀아줄 걸, 좀 덜 야단 칠 걸 모든 것이 후회가 된다는 것이었다.

나도 내가 누리고 있는 일상의 모든 것들이 당연한 것처럼 감사할 줄 모르고 살아가고 있었던 것 같다. 살아 숨 쉴 수 있다는 자체가 감사한 일이고 행복한 일이다. 사랑하는 이들과 같이 살 수 있고 공부를 잘하든 못하든 옆에 같이 숨 쉬고 살아 있는 자체가 고맙고 행복한 일이다. 아이가 태어날 때 아무것도 원하지 않았다. 그저 건강하게 자라주길 만을 바랐는데 점점 욕심이 생겨 공부 잘하길 원하고 공부를 잘하면 1등 하기를 원했던 것 같다. 내가 누리고 있는 것에 기쁨을 누리지 못하고 행복을 찾지 못하면서 먼 곳을 향해 바라보며 가지려고 괴로워하고 애쓰면서 살아온 것이다.

한동안 언니는 아들을 잃은 충격에서 벗어나질 못했다. 그 어떤 말로도 위로할 수가 없었다. 그저 옆에서 지켜볼 수밖에 없었다. 너무 힘이 들 땐 위로가 더 힘들게 느껴질 수가 있기 때문이다. 자식 잃은 슬픔은 사람이 느낄 수 있는 최대치의 슬픔이고 고통이 아닐까 싶다. 사랑하는 자식이 죽으면 가슴에 묻는다고 했다. 그것이 부모의 마음이다.

시간이 흐른 뒤 언니와 술을 한잔하면서 많은 이야기를 나누었다. 그냥 열심히만 살아왔는데 자신이 뭘 잘못하여 벌을 받은 기분이라고 하였다. 그렇지만 딸아이를 위해서라도 열심히 맘 다잡고 살기로 하였다고 했다. 동생을 잃은 딸을 위해서라도 엄마가 힘을 내야 한다고 하였다. 신앙심을 가지고 하던 일을 그냥 그저 열심히 하고 좋아하던 일에 몰두한다고 하였다. 육체적으로 힘들게 해서 밤에 잠을 청한다고 하였다.

시간이 문제겠지만 스스로 이겨나갈 수 있도록 해야 한다. 결국은 그 슬픔에서 빠져나오는 이는 본인 자신이다. 어느 누구도 대신 아파해줄 수 없는 문제이다. 난 그저 언니가 필요할 때 옆에 있어 주었을 뿐이다.

세월을 흘러 우린 여전히 행복의 주문을 걸고 열심히 즐겁게 살아가고 있다. 재미있게 열심히 살다 보니 오늘도 여유 있는 삶을 맞이하고 있다. 억지로라도 거울 속의 나를 보고 주문을 걸어보자. 오늘도 행복한 하루를 살아간다고.

늘 감사하는 삶을 살아가자

행복한 삶을 살아가고 싶으면 늘 감사하는 마음으로 살아가자. 대부분의 사람들은 지금 현재라는 시간에 살고 있으면서 오지 않은 내일만을 바라보면 살아간다. 아니면 과거의 상처나 미움, 아쉬움에서 벗어나지 못한 채 살아가고 있다.

나이를 먹는다는 것이 나쁘지만은 않다. 지나간 일에 연연하지 않고 갈등에 의연하게 대처할 수 있는 나이가 되었다. 살면서 기쁠 일이 많지 않다고 생각했다. 나의 인생은 재미가 없다고 생각했는데 행복은 멀리 있는 것이 아니라 가까운 곳에 있었다. 마음가짐을 바꾸니 내 삶 속에 고통도 행복한 삶이었다. 마음먹기와 생각의 차이가 이렇게 클 수가 없었다. 매사에 삶이 감사한 삶이라고 생각을 바꾸니 모든 것이 행복으로 바뀌었다. 나는 행복한 사람이다.

어느 날 친한 동생이 다급하게 전화가 왔다. "언니!! 큰아이가 수면제를 많이 먹고 나쁜 생각을 하려고 해." 응급실에 있는데 혼자 무서워서 못 가겠다고 하였다. 나는 하던 일을 멈추고 달려갔다. 다행히도 응급처치를 하고 아이는 괜찮았다. 학교가 멀어 집에서 좀 떨어진 곳에서 자취를 하였다. 아이가 우선이니 휴학계를 내든지 엄마 곁에 같이 있으라고 하였다.

정말 살아 있음에 감사했다. 우리 아들도 혹독한 사춘기를 겪었기에 나도 그 아픔을 잘 안다. 아이가 너무 아프고 힘들어하면 아무것도 바라지 않게 된다. 내 곁에 살아 있는 자체가 감사하다. 함께 숨 쉬고 살아가는 일이 얼마나 감사한 일인지 모른다. 공부 잘하길 바라는 것, 좋은 곳에 취직하길 바라는 것이 욕심이란 생각이 들었다.

그저 아이들 본인이 행복하면 엄마로선 아무것도 바랄 것이 없었다. "K야, 우리 욕심을 내려놓자.", "기대하지 말고 우리 자신만 생각하고 행복하게 살아가자." 자식에 대해 욕심을 내지 말고 있는 그대로를 인정하자고 했다. 우리 아이들이 우리 옆에서 숨 쉴 수 있는 것만으로도 감사하면서 살아가자고 했다. 그날 둘은 많은 생각을 하게 되었다.

미래에 일어날 일을 아는 사람은 아무도 없다. 우리는 목표를 세우고 그것에 맞게 열심히 삶을 살아가고 있다. 자신이 바라는 대로 이루어지면 누구나 행복하겠지만 세상살이는 마음대로 되지 않는 것 투성이다. 그러므로 원하는 대로 바라면 바랄수록 더 불안해진다.

세상의 많은 바쁜 일들로 인해 나를 돌아볼 시간이 없다면 참으로 우울한 일이 아닐 수 없다. 인생이란 긴 시간이 아니다. 하는 일을 잠시 접어두자. 우리의 모습을 접어둘 필요가 있다. 바쁜 일상을 떠나서 마음의 여유를 가져보고 새로운 일을 하며 세상을 바라볼 때 또 다른 즐거움을 느끼고, 일에 대한 목적의식을 갖게 된다. 바쁜 일상을 떠나 나를 돌아보면, 그 안에서 내가 미처 발견하지 못한 일들을 깨닫게 될 것이다. 좀 더 마음의 여유를 갖고 행복한 우리의 일상을 만들어갔으면 좋겠다.

감사하는 것도 연습이 필요하다. 미래나 과거만을 생각하지 말고 지금 감사할 것에 관심을 가지고 살아가자. 내 주변에 있는 것을 당연하게 생각하지 말자. 가족, 친구, 남편에게 고마움을 표현하고 의미 있는 사람들에게는 말로 표현하고 행동으로 보여주자. 다른 사람에게서 아무것도 기대하지 말자. 감사한다는 것은 무언가를 기대하는 것이 아니다. 매일 감사하자. 아침에 일어나자마자 살아 있음에 감사하자. 잘 때도 오늘 경험한 것들에 감사하자.

내 주변에 있는 사람들에게도 감사하자. 무수히 많은 감사할 것들이 많다. 더 많이 연습할수록 감사하는 것도 쉽다. 그리고 시간이 지나면서 습관이 될 것이다. 감사할 일이 많아서 감사하는 것이 아니라 감사하는 것들을 생활화하다 보면 내면의 힘이 강해지면서 감사할 일이 더 많이 생긴다.

넬르 C. 넬슨, 지니 르메어 칼리바의 저서 『소망을 이루는 감사의 힘』에서는 말한다.

"당신이 갖지 못한 것에 초점을 맞추지 말고 가진 것에 감사함으로써 자신의 가치를 높여라. 당신이 할 수 없는 것보다 할 수 있는 것을 생각하라."

세계적인 방송인이자 배우인 오프라 윈프리는 감사에 대한 명언을 남겼다.

"나는 '고맙습니다. 나는 진실로 복 받은 사람입니다.'라고 말하지 않고 지나간 날이 단 하루도 없다. 내 인생에서 어떤 일이 일어나든 감사하는 법을 배웠을 때 기회, 사람들과의 관계, 심지어 부까지 내게로 왔다."

그러고 보면 나 자신도 내가 가진 것을 당연한 일일 뿐이라고만 생각하며 지낸 것 같다. 항상 가장으로서 가정을 위해 25년을 넘게 최선을 다하고 자기 자리를 지켜준 남편과 건강하고 착하게 자라준 아이들, 큰일 없이 지내온 날들을 당연한 일인 듯 살아왔다. 내가 좋아하는 것을 배울 수 있는 것도 감사한 일이다.

물론 중간중간 고비도 있고 아픔도 있었지만 지금껏 큰일 없이 지나온 세월에 감사하다. 비록 가진 것이 없이 힘이 들 때도 있었지만 힘들게 살았던 시간들이 있었기에 돈의 소중함을 더욱 알게 되어 감사하다. 경제적으로도 나아진 지금의 삶이 너무나 감사하다.

힘든 시간이 있었기에 나 자신을 알기 위해 노력하고 나 스스로 삶을 살아가면서 많은 깨달음을 얻게 됨을 감사하다. 이처럼 힘든 나날들이 있었기에 지금의 작은 일들 하나하나가 감사하다. 자신이 누리는 모든 것이 그야말로 감사할 일인 것이다. 내가 살아 있음에 감사하고, 가족이 있음에 감사하고, 친구가 있음에 감사하고, 오늘 하루 따뜻한 햇살과 푸르른 하늘을 볼 수 있음에 감사하다. 생각해보면 당연시한 모든 것들이 감사한 일이다.

감사하는 마음으로 모든 것을 대하니 경제적으로도 더욱 윤택한 삶을 살게 되는 것 같다. 내가 좋아하고 공부하는 돈 공부도 더욱 잘되는 것 같은 기분이 드는 마음도 감사하다. 감사하는 마음으로 살아갈 때 정말로 감사하는 일들이 더욱 많이 생길 것이다.

가진 것에 감사하는 마음은 삶을 더욱 아름답게 만들어줄뿐 아니라 나와 내 주위 사람들의 행복을 가져다준다. 오늘 하루도 나에게 주어진 것들에 감사하며 긍정적인 마음으로 하루를 시작해보자.

8

공부하는 오십이 살아남는다

100세 시대 무슨 일이, 어떤 상황이 올지 누구도 알 수가 없다. 불확실성의 시대, 우리의 미래는 무엇을 공부하느냐에 따라 다른 인생을 살 수 있다. 인생 후반전을 잘 보내려면 배움과 도전은 중년의 삶에 필수 요소이다. 우선 내가 하고 싶은 것, 내가 관심이 있고 좋아하는 것, 쉬운 것부터 접근하여보자.

오십부터는 언제까지 일할 수 있는지, 은퇴 후에 건강이 나빠지고 아예 일을 못 해도 노후 자금이 충분한지를 고민해봐야 한다. 앞으로 남은 50년을 건강하고, 가치 있게 보내려면 배움으로 남은 인생을 계획하여보

자. 지금까지 살아온 인생 절반을 되돌아보고, 남은 절반은 어떻게 살아갈 것인지 후반전은 나를 위한 공부를 하여보자.

4차 산업혁명으로 세상이 급박하게 변화하고 있다. 세상에 그 무엇도 변하지 않는 것은 없다. 지속적으로 자기계발을 하고 새로운 지식을 쌓고 새로운 도전을 하지 않으면 시대에 뒤처질 것이다. 자신의 가치를 최대한 발휘할 수 있는 분야를 찾아 새로운 도전을 시작하여보자. '이렇게 있을 수는 없다.' 자신이 제일 좋아하고 배우고 싶은 것을 찾아서 공부하여 보자. 자신의 진짜 꿈이 무엇이 있는지, 지금 하고 싶은 것은 무엇인지 생각해본다.

전업주부가 되면 누군가의 아내, 누군가의 엄마로 불린다. 집안일도 하고 육아도 하고, 집안일도 참 쉽지 않은데 시대가 바뀐 아직도 "집에서 뭐 해? 심심하지 않아? 언제까지 놀 거야? 팔자가 좋아?" 같은 말들을 들으면 참으로 억울하다는 생각이 든다.

자본주의 사회에서 나의 능력은 점점 퇴보되고 경제적으로 자립이 되지 않으니 자신감도 줄어드는 건 사실이었다. 나 역시 아이들이 어느 정도 컸을 때 '나에게 맞는 일이 무엇일까?' 고민하며 여러 자격증에 도전하고 공부하였다.

경제적으로도 도움이 되고 자립심과 성취감을 위해서 사회복지사, 간호조무사, 보육교사, POP 예쁜 글쓰기 자격증 등 많은 자격증을 취득하기도 하고 일도 해보았지만, 세 아이를 키우면서 일하기란 쉽지가 않다. 아이들이 어느 정도 자랐지만 여전히 엄마의 손이 필요할 때가 많았다. 집안일도 여전히 엄마의 몫이었다. 중년의 나이가 되니 체력적으로도 여기저기 아픈 곳도 늘어나고 피로감을 많이 느꼈다.

하지만 새로운 무언가를 하지 않으면 뒤처진다는 느낌이 들어 항상 조그마한 배움이라도 늘 나와 함께했다. 무엇보다 경제적으로 보탬이 되는 공부를 하고 싶었다. 남편 혼자 벌어 살아가기가 여유가 없었다. 가정일과 직장 일을 병행하기에는 체력적으로 많이 힘이 들어 나만의 재테크 공부를 하게 된 것이다.

처음에는 내가 할 수 있고 관심 있는 일부터 자격증도 따고 일도 해보기도 하였다. 갑상선 이상으로 피곤함을 많이 느껴 집안일과 직장 일을 병행하기가 힘들었다. 우리나라는 아직도 여성은 결혼하면 가사에 대한 책임이 여성에게 편중되어 있다. 육체적으로 힘들지 않고 내가 쉬고 싶을 때 쉴 수 있으면서 돈도 벌 수 있는 방법을 공부해보기로 하였다. 자본주의에서 필요한 돈 공부에 관심을 갖고 시작하였다. 재테크 공부를 열심히 하면서 투자한 결과 아직 부자는 아니지만 어느 정도 경제적으로 자립을 할 수 있게 되었고 심적으로도 여유가 생기게 되었다.

이노우에 히로유키의 저서 『배움을 돈으로 바꾸는 기술』에는 이런 이야기가 나온다.

"지식을 자산으로 만들어야 합니다. 교양 공부에 열심이라면 그것을 자신의 품위로 체화하고, 능력계발 공부를 시작했다면 적극적으로 실행해 자신의 잠재력이 수입을 빚어내는 광경을 목격해야 합니다. 그저 책 읽고 강좌를 듣고 시험을 치렀다고 부지런히 살았다면 만족해서는 안 됩니다. 배움을 통해 자신의 부가가치를 높이는 그다음 단계로 나아가야 하는 것입니다."

저자는 배움으로 끝내는 것을 심히 경계하면서 배움은 나의 경제적 가치로 확산되어야 한다고 했다. 나 또한 처음에는 전업주부로 오래 지내다 보니 무엇을 할지, 어디서부터 시작해야 될지 감을 잡지 못하여 이것저것 관심 있는 것들부터 공부해보기 시작하였다.

관심 있고 좋아하는 것을 배우다 보니 경제 공부를 하게 되었고 부동산 재테크 공부까지 하게 되어 수익을 거두게 되었다. 또 다른 월급처럼 받을 수 있는 시스템을 공부하고 있다. 우리가 수익을 창출하는 방법은 여러 가지가 있다. 부동산, 유튜브, 주식, SNS, 블로그 등으로 수익을 창출하고 그 외에도 다양한 방법들이 있다. 공부하고 배움을 실천하다 보면 몰랐던 나의 재능도 알아가게 될 것이다. 더욱 자기계발에 힘쓰고 앞으로도 1인 기업이나 토지에 관한 개발도 공부해보고 싶다.

요즘같은 100세 시대에는 새로운 것을 배우고 적응해나가야 한다. 공부하면서 돈으로 만드는 방법도 생각해보자. 써먹을 수 있는 공부가 필요한 시대이다.

전업주부이기 때문에 주변에 친하게 지내는 친구들이 아이들 어릴 때부터 알게 된 주부들이 많다. 이제는 아이들이 성인이 되었기 때문에 엄마들이 시간적 여유가 많아졌다. 직장을 새로 다니는 친구들도 있지만 대부분 운동을 하고 새로운 제2의 인생을 위해 공부하고 자격증에 도전하고 있다. 새로운 인생 후반전을 위해 배우고 자신의 길을 찾아나가고 있는 것이다.

그중 한 친구는 아이 셋을 다 좋은 대학에 보내고 공인중개사에 도전해 합격을 하였다. 열심히 공부해서 합격하고 난 뒤 공인중개사 일을 시작하였다. 돈을 많이 벌고 싶어 부동산 공인중개사 일을 선택했다고 한다. 남편도 원해서 하였으나 너무 일이 적성에 맞지 않아 행복하지 않았다고 한다. 일을 하다가도 그만두고 싶을 때가 한두 번이 아니었다고 한다. 스트레스를 너무나 받아 병에 걸린 것이다. 몸이 아프고 스트레스를 너무 많이 받다 보니 돈도 다 소용없다는 생각이 들었다고 하였다.

일을 잠시 그만두고 몸을 치유하다가 자기가 좋아하는 일이 무엇인가 곰곰이 생각해보았다. 자신은 가족을 위해 요리할 때가 좋았고 새로운 음식 만드는 것에 관심이 많았다고 한다. 자신이 정성껏 만든 요리를 다른 사람이 맛있게 먹었을 때 기쁨과 행복을 느꼈다고 하였다. 커피와 샌드위치를 좋아해 메뉴 개발에 힘을 쓰고 샌드위치를 파는 카페를 개업하였다. 카페를 드나드는 손님들이 발길이 끊이지 않았던 것이다.

이렇게 힘은 들지만 자신이 하고 싶었던 일을 찾아 실행하다 보면 조금씩 자신이 원하는 것이 무엇인지 찾아갈 수 있을 것이다. 중년의 나이에 공부하여 좋아하는 일도 하면서 경제적으로 도움이 되는 삶을 살아갈 수 있게 되었다. 항상 배우는 삶이 살아남는다. 인생 후반전은 공부하는 오십이 살아남을 것이다.

9

돈도 관심 있는 사람에게 따른다

돈은 현대사회에서 편안한 인생을 살기 위해 꼭 필요한 도구이다. 돈을 많이 벌어서 부자가 되고 싶다면 당연히 돈에 대한 지식과 정보가 필요하다고 생각한다. 세상에서 돈이 어떻게 흐르는지 관심이 없는 사람들은 대개 돈과 인연이 없다. 돈에 감사할수록 돈을 더 많이 벌 수 있다.

샤넬 서의 저서 『100억 머니 시크릿』는 말한다.

"지금 당장 소리 높여 돈에 감사의 인사말을 하라. 감사하는 마음은 건강과 부를 동시에 가져오는 놀라운 마력이 있다. 감사는 우리의 뇌를 활성화하여 신경전달 물질인 호르몬을 변화시킴으로써 보다 긍정적인 감정을 유발할 수 있도록 돕는 돈도 관심 있는 사람에게 따른다."

돈을 싫어하는 사람은 아마도 없을 것이다. 돈도 관심을 가져주면 자라난다. 아무런 관심이 없을 경우 돈은 그냥 자리에 머물다 사라진다. 부자들은 돈에 관심과 애정이 있다. 그렇기 때문에 부자로 살아간다.

많은 사람들이 경제적 자유를 꿈꾼다. 나도 부자가 되고 싶었다. 하지만 되돌아보면 결혼 전이나 신혼 때나 경제관념이 전혀 없었다. 통장 하나로 그냥 아껴 쓰고 남으면 통장에 그대로 놔두었다. '결혼 전부터 경제관념이 제대로 잡혔다면 얼마나 좋았을까?' 하는 아쉬움이 조금은 있다.

결혼 전에는 돈에 대한 부족함이 없었다. 풍족하진 않았지만 부모님과 같이 살았고 내가 벌어 나만 쓰면 되었으니깐 그리 아쉬움을 못 느꼈다. 아이들 어릴 때에는 알뜰하게 쓰면 넘치진 않아도 걱정은 없었을 정도였지만, 아이들이 커가면서는 점점 이대론 안 될 것 같다는 불안한 마음이 들기 시작했다.

투자는 돈 있는 사람들만 하는 것이라고 생각하여 아예 관심조차도 없었다. 그저 알뜰히 살고 아껴서 집 하나만 장만하면 되는 줄 알았다. 나에 대한 투자는 거의 생각할 수가 없었다. 그저 아끼고 아껴서 모으고 부모님 도움도 좀 얻어 대출 껴서 집 하나만을 장만하면 되는 줄 알았다. 대출이 너무 부담이었다. 대출이 빚이라는 생각에 돈만 생기면 빚을 갚았다. 대출이 있으면 내 집이 아니라는 생각까지 들었다. 나쁜 대출이 있으며 좋은 대출도 있는데 부모님의 영향 탓인지 남의 돈을 빌리는 건 가난하다는 인식이 머릿속에 잡혀 있었다. 흔히 돈을 모을 수 있는 방법으로 '절약과 저축'을 이야기한다. 하지만 무조건 아끼기만 하면 반드시 한계에 봉착한다. 따라서 절약과 저축을 하면서 자기계발에도 반드시 투자하여야 한다. 경제에 관한 공부는 우리가 밥 먹듯이 습관을 들여야 한다고 생각한다.

세계적인 부자 빌 게이츠는 말했다.

"가난하게 태어난 것은 당신의 실수가 아니다. 그러나 죽을 때도 가난한 것은 당신의 실수다."

사람들은 언제나 돈을 저축하라고만 한다. 모든 돈을 저축하지는 마라. 자신에게도 투자하라. 성공하기 위해서는 나 자신을 발전시키고 투자하라는 진정한 의미이다.

삼성 이건희 회장님은 부자 옆에 줄을 서라고 했다. 산삼 밭에 가야 산삼을 캘 수 있다. 호랑이를 잡으려면 호랑이 굴에 들어가야 한다. 부자가 되고 싶으면 부자들이 모이는 곳에 직접 가서 직접 듣고 대화를 나누고 경험해봐야 한다. 부자들이 어떤 사람인지를 알아야 부자가 될 수 있다. 돈 많은 사람을 보며 저 사람은 어떻게 돈을 많이 모았는지 때때로 궁금해진다. 주위에 성공한 부자가 어디 있냐고 할 수도 있다. 다 핑계에 지나지 않는다고 생각한다. 주위에 부자가 없다면 간접 경험으로도 충분히 접할 수 있다. 감사하게도 책이나 신문, 경제잡지 등을 통해 부자들의 돈 버는 노하우를 접할 수 있다. 나 역시도 부자는 아니지만 부자들의 마인드 생활을 책을 통하여 접하고 배우고 따라 하려고 노력한다.

'저 사람들은 돈을 많이 벌잖아.'라고 생각하고 돈 많은 사람과 자신은 차원이 다르다고 생각한다. 전업주부에게도 같은 말을 하고 싶다. 가사와 육아만으로도 힘든 일이다. 그러나 아이들이 성장하면 어느 정도 여유가 생긴다. 엄마의 손에서 벗어난다. 주부는 아이들이 학교 있는 동안에는 느긋하게 시간을 보낼 수 있다. 이런 시간들을 잘 활용하여 자기계발과 돈에 관심을 갖는다면 얼마든지 돈을 벌 수 있고 경제적으로 여유 있게 살 수 있다고 생각한다. 사람들은 모두 부자가 되고 싶어 한다. 하지만 자본주의 사회에 살면서 자본이 어떻게 움직이는지 관심이 없고,

당장의 유행과 소비에만 관심을 둔다.

책을 읽고 공부하면서 나는 자본주의 사회에서 어떻게 돈을 벌 수 있을지를 염두에 둔다. 전업주부들도 마찬가지이다. 전업주부인 나도 여러 모임이 있다. 아이가 셋이다 보니 거의 엄마들 모임이다. 같은 전업주부의 모임인데도 다 생각과 이야깃거리나 관심사가 다르다. 교육에 관심이 많은 엄마들, 재테크에 관심이 많은 엄마들, 먹고 쉬고 여행에 관심 많은 엄마들, 다 정보를 나눌 수 있어 좋다. 주부들이 집에서 아무 일도 하지 않고 논다고 생각하지만 주부들도 직장인 못지않게 경제에 관심이 많고 재테크에도 열심이다.

자기계발도 하고 아이들을 케어하고 현명하게 충분히 시간을 보낼 수 있다고 생각한다. 나도 잠시 생활에 보탬이 되고자 아르바이트로 단순노동을 한 적이 있다. 아침 일찍 출근해서 저녁까지 하루 종일 일하였다. 일하고 집에 오면 손도 까딱하고 싶지 않았다. 집안은 엉망이었고 아이들은 방치되었다.

모든 사람들이 좋아하는 일을 하고 행복한 인생을 산다면 얼마나 좋을까? 가난에서 벗어나기 위해, 단지 돈을 벌기 위해 일한다고 생각하니 그날은 생각이 많아졌다. 가족을 위해 일하는 남편에게 감사하고 고마운 마음이 더욱 들었다.

김도사는『100억 부자 생각의 비밀 필사노트』에서 말한다.

"대부분의 가난한 사람들은 평생을 가난에서 헤어나지 못한다. 그들의
사고가 '가난'이라는 질병에 걸려 있기 때문이다. 어떤 것을 가치보다는
가격을 보고 산다. 싸고 좋은 것을 선호한다. 원래 하나만 사려고 했던
것을 싸다는 생각에 2개씩이나 사기도 한다. 그렇게 구입한 것을 집에 처
박아 두고 잘 쓰지도 않는다. 결국은 쓰레기가 되는 것이다."

이 말이 꼭 나를 두고 한 말인 것 같기도 하다. 많은 생각을 하게 되었
다. 나 역시 좋고 맘에 드는 물건을 사고 싶어도 가격부터 보았다. 사고
가 패배적이고 시간도 나를 위해서 쓰지 않았다. 이런 태도 때문에 발전
없는 삶을 살기에 급급하였다.

전업주부인 나는 남편 수입에 의존해서 살아가는 게 항상 불안하였다.
여자로서의 나 자신도 사라지는 것 같았다. 아이들이 성인이 되면서 더
욱 그랬다. 내 주변에는 부자가 없다. 사는 게 다 비슷비슷하다. 전업주
부의 특성상 교류가 한정되어 있었다. 그러나 다행히도 부자들의 성공한
방법을 책을 통해 배우려고 노력하였고 각종 세미나에 참여하였다. 스스
로 생각하고 나의 계발에도 노력하였으며 가치관이 맞는 사람들을 만나

투자도 하며 돈도 관심 있는 사람들에게 따른다는 말이 무슨 뜻인지 확실한 의미를 알게 되었다. 앞으로도 돈에 관심을 가지며 나의 계발에 힘쓸 것이다.

3장

나는 하루

1시간 투자로

인생을 바꾸었다

1

삶도 리모델링이 필요하다

바쁘게 살다 보니 어느덧 중년의 나이가 되었다. 체력이나 건강도 옛 날 같지 않다. 그리고 무력감이나 성취의 상실감이 있다. 우울감이나 불 안감에 젖어들기도 한다. 이렇듯 중년의 위기가 찾아온다.

행복지수가 가장 낮은 이 시기를 생각만 바꾸면 행복하게 보낼 수 있 다. 생활 패턴이나 관점을 바꾸는 것이다. 버릴 것은 버리고, 포기할 것 은 과감히 포기한다. 할 수 있는 일에 자신감을 가져보자. 다른 사람과 비교 하지 말고 나 자신이 할 수 있는 일을 찾아서 도전해보자.

집도 리모델링하듯이 새로운 지식과 경험으로 나 자신의 삶도 한번 리모델링해보자. 습관을 바꾸고 생각을 바꿈으로써 새로운 삶과 기운을 얻을 수 있다. 오늘부터라도 나의 삶, 인생을 리모델링해서 꿈 하나 지니고 목표를 위해 꾸준히 노력하는 인생을 살아보자. 우리는 풍부한 경험을 가진 사람들이다. 인생은 학습이고 리모델링하며 살아가는 것이다.

대체로 사람들은 자신이 진짜로 원하는 소망과 꿈을 가슴속에 감춰두고, 자기 자신이 아닌 부모나 자식, 그 누군가를 위해서 살아가기도 한다. 목표가 없이 말이다. 이제는 자신이 원하는 삶, 하고 싶었던 꿈을 위해 새로운 선택을 하고 바꿔보아야 한다. 미래의 행복은 내가 결정하는 것이다. 계획이 있다면 생각만 너무 많이 하지 말고 적절한 실행만이 답이다.

같은 아파트에 사는 친구는 자녀들이 대학을 졸업하고 사회에 진출하기 시작했기에 시간적 여유가 많다고 하였다. '앞으로 남는 시간을 어떻게 보낼까?', '이제 할 일 다 했으니 적당히 살까?' 하는 생각이 든다고 한다. 나는 아무리 할 일 다 했어도 뭔가를 '나를 위한 삶을 찾아봐야 하지 않을까?' 우리 진지하게 '고민 좀 해보자.'라고 했다.

아이들이 독립한 나이, 이제 우리의 삶도 부족한 건 리모델링해서 시작하기에 좋은 나이라고 생각한다. 철없이 어설픈 꿈을 꾸던 시기를 지나 세상에 대해 어느 정도 알게 된 나이가 아닐까 싶다. 지금이라도 부족함은 채우고 버릴 것은 버리고 채울 것은 다시 채우면서 충실히 다시 시작하면 되는 것이다.

오늘을 얼마나 충실히 사느냐에 따라 인생의 방향이 달라질 수 있다. 하루가 쌓여 한 달이 되며 한 해가 된다. 내일은 미래고 어제는 역사이며 오늘은 선물이다. 시간적 여유가 많아진 인생 후반부에는 젊은 시절 육아와 가족을 챙기느라 못 했던 공부와 취미에 의욕적으로 도전할 수 있다.

쌓아온 경험과 지식으로 좀 더 배우고자 하는 일에 몰두해보자. 진짜 공부를 시작하기 좋은 때가 자녀가 독립한 지금부터이다.

나는 돈 공부를 좋아한다. 나는 돈에 대한 긍정적인 생각을 한다. 부자가 되어서 하고 싶은 일을 돈의 제약 없이 하고 싶고, 도움이 필요한 분께 조금이나마 빛이 되고 싶다. 우리는 부자를 꿈꾼다. 가난은 미덕이 아니다. 우리는 하루도 돈 없이는 살 수가 없다. 사람들은 돈이 많을수록 자유로워진다고 생각한다.

나 역시 돈을 모으기 위해서 결혼 후에 아이 낳고 키울 때 최대한 아이에게 들어갈 돈 이외는 일절 쓰지 않았다. 적금을 넣고 종잣돈을 모아서 처음에는 주식 투자로 재테크를 시작하였다. 기업의 미래가치를 보고 현재 가격이나 저평가된 것을 사서 주식 가치가 올라가면 되팔아 수익을 내곤 했다. 주식 투자를 할 때 도서관에서 주식 관련 책을 쌓아놓고 읽은 기억이 난다. 저평가된 주식을 사기 위해 정보에 귀 기울이고 애널리스트들에게서 고급 정보를 듣기 위해 발품을 팔기도 하였다. 주식 관련 방송을 하루 종일 틀어놓고 있었고 주식 시세 모니터를 항상 쳐다보곤 하였다. 그러나 내가 생각한 기대 수익률에 못 미쳤고 평생 내가 원하는 재테크 방안이 아니었다.

신도시로 이사하면서 난 돈 공부를 시작하였다. 경제 서적을 읽고 경제 세미나도 참여하고 경제 신문 읽기는 필수였다. 내가 사는 지역뿐만 아니라 서울, 수원, 평택 등 여러 군데를 가보았다. 처음 이사했을 때 우리 동네는 허허벌판이었다. 신도시 안에 아파트뿐만 아니라 주택 용지도 미분양이 많았다. 처음 부동산 투자할 때는 나 역시 겁이 나고 불안했다. 그래서 내가 사는 곳 위주로 투자를 하였다. 집 앞에 있는 미분양 아파트 2개를 사고 미분양 된 주택 용지도 샀다.

저녁에 아이들을 데리고 운동 나갈 때마다 지도를 보면서 여기저기 위치를 보고 다녔다. 아이들도 같이 운동하면서 동네 탐방 하는 걸 좋아하였다. 매일매일 달라지는 동네 모습이 재미있기도 하였다. 우리 마을도 4년쯤 되니 거의 건물들이 다 들어서기 시작하였다. 그리고 몇 군데 부동산 사장님과도 친하게 지내게 되었다. 부동산 사무실이 한가한 시간에 매일 놀러가서 차를 마시고 오곤 하였다. 친하게 지내면서 내가 가지고 있는 물건도 거래하게 되었고 새로운 물건이나 정보가 있으면 내게 알려주곤 하였다. 미분양 된 주택 용지도 부동산에서 커피 한잔하고 놀다가 부동산 사장님이 좋은 물건 있으니 구경하러 가자고 해서 알게 된 것이다.

나는 전문가는 아니지만 부동산도 여러 종류의 투자할 수 물건들이 많다는 걸 알게 되었다. 아파트뿐만 아니라 오피스텔, 생활형 숙박시설, 지식산업센터, 땅에 조금씩 투자하게 되었다. 나는 부자로 살기를 원한다. 그러나 남편의 월급만으로는 부자로 살 수가 없다.

그렇지만 가족을 위해 열심히 일하는 남편에겐 항상 고마움을 느낀다. 그러나 열심히만 일한다고 해서 삶이 나아지지는 않는다고 생각한다. 남편이 힘들게 벌어온 근로소득으로 나도 열심히 공부해서 보탬이 되어야겠다고 생각했다.

부동산 투자 물건도 여러 종류가 있겠지만 난 너무 어렵거나 오래된 물건은 거래하지 않았다. 그래서인지 주식보다 부동산 투자가 단순하고 쉬웠다. 주식은 거래하다 상장폐지가 되니 몇천만 원의 돈이 제로 상태였다. 휴짓조각처럼 하나도 남지 않았을 때도 있었다.

그런데 부동산은 아예 사라질 염려는 없는 것 같다. 나도 경제적 자유, 시간적 자유가 있는 부자의 삶을 위해 노력하였다. 대부분의 부자들도 부자가 되기 전에는 평범한 삶을 살았을 것이다. 이들도 일반 사람들과 다를 것 없다. 우리는 보통 그 사람들은 우리와는 전혀 다른 세상을 살아갈 것만 같다고 생각한다. 탈무드에 보면 "부자가 되려면 부자의 줄에 서라"는 말이 나온다. 부자들의 사고방식과 생활 습관을 가까운 곳에서 지켜보고 자기 것으로 만들어야 부자가 될 수 있다는 얘기다.

주식 투자의 대가 워런 버핏의 투자 원칙 중 하나가 "손가락 빨며 머뭇거리지 말자."이다. 어느 순간이 오면 생각하는 것을 멈추고, 행동해야 한다. 행동하지 않으며 결실 또한 없다고 그들은 입을 모아 말한다. 행동으로 옮기기 위해서는 그만큼 준비가 있어야 한다. 이런 과정들이 시기, 운 같은 요소들을 만나서 성공으로 이어지는 것이다.

우리도 자유롭고 풍요로운 삶을 생각하며 기쁜 맘으로 마인드를 부자의 생각으로 리모델링해보자.

2

부동산 투자는 경제적 자유로 가는 첫걸음이다

사람은 누구나 성공을 꿈꾼다. 하지만 성공하기 위해 목표를 정하고 행동하는 사람은 드물다. 그저 어제와 같은 오늘을 살뿐이다. 우리 집은 남편 혼자 버는 외벌이다. 세 아이를 잘 키우는 것이 돈 버는 일이라고 생각해 아이 키울 때까지 일을 잠시 쉬기로 했다.

그러나 아이들이 자란 후에는 경력 단절로 오랜 시간을 보내다 보니 일할 엄두도 나지 않았다. 나이가 드니 체력도 안 되고 자신감도 많이 사라졌다. 무엇보다 단순 노동으로 돈을 모아서는 여유로운 삶을 살지 못할 것 같았다. 어제와 같은 삶에서 벗어나지 못할 거라고 생각을 했다.

우린 아무것도 가진 것 없이 시작했다. 일찍 하다 보니 직장도 없이 결혼을 하였다. 전세금 1,500만 원으로 시작하였다. 남편이 신혼 땐 아르바이트를 했고 직장을 들어가서도 그저 아끼고 절약하면서 살아왔다. 내가 결혼을 시작할 때에는 인터넷 정보도 어두웠고 스마트폰 보급이 안 되어 부동산이나 투자 관련 정보를 접할 기회가 없었다.

시댁 어른들이나 친정 부모님들도 그저 주어진 환경에서 열심히 일만 하셨고 선하게만 사시는 분이셨다. 내가 사는 지방에서는 아파트 투자를 하는 사람들을 만날 일도 잘 없었다. 한번 살기 시작하면 그 동네에서 10년이고 20년이고 살았다. 특별히 새집을 사거나 별다른 일이 없으면 한 동네에서 살아가기 때문이다.

지방에서 남편의 직장 발령으로 40이 되어서 처음으로 내가 살던 고향을 떠나왔다. 정든 고향을 떠나올 때 멀리 외국으로 이사 가는 것도 아닌데 친구들과 울면서 헤어진 기억이 난다. 경기도로 이사 온 지도 벌써 15년이 다 되어간다. 지방 집을 팔고 왔지만 경기도에선 전세로 시작하였다. 결혼하면 나이 상관없이 애들 친구 엄마가 곧 나의 친구가 된다. 처음 이사하고 사귄 딸 아이 친구 엄마가 나보고 빨리 집을 사라고 했다. 여윳돈이 있으면 분양권에도 투자를 하라고 했다. 투자에 대해 설명하는

데도 무슨 외계어인지, 무슨 소리인지도 하나도 알아듣지 못하였다. 무엇보다도 겁이 나고 무서웠다. 나는 내가 살 집 하나만 있으면 된다고 생각했는데, 친구는 살고 있는 집 하나에 분양권 세 개를 샀다는 것이었다. 나와는 별개의 일이라고 생각했다. 그 친구는 남편이 은행 지점장이고 돈이 여유가 있으니 그렇지, 나하고는 사는 레벨이 다르다고만 내 스스로의 한계를 지었다.

그 후 그 엄마는 자기 일이 바빠 만날 기회가 줄어들었다. 지금 생각하니 참 무지해서 웃음이 난다. 아는 만큼 들리고, 보인다고, 준비가 되어 있지 않았던 것이다. 이렇게 첫 번째 투자는 좋은 기회와 인연이 지나갔다. 준비된 만큼 보이고 들리나 보다. 지금처럼만 알았더라면 좀 더 여유 있는 삶을 살았을 텐데. 사람들은 부동산 투자를 하려면 돈이 많아야 한다고 생각한다. 몇 억은 있어야 한다고 생각한다. 나 역시 그랬다. 돈이 많고 여유 있는 사람들만이 부동산 투자를 할 수 있다고 생각했다.

물론 돈이 많으면 좋은 부동산이나 다양하게 선택할 수 있겠지만 조금의 종잣돈만으로도 얼마든지 누구나 부동산 투자로 성공할 수 있다. 부동산 투자는 특별한 사람만 투자하고 성공하는 것이 아니다. 모든 투자에는 자기만의 철저한 공부와 자기만의 원칙이 있어야 한다. 첫 집 마련은 아이가 셋이다 보니 아끼고 부모님의 도움과 대출을 받아 마련했다. 지방에 있는 아파트이다 보니 시세가 그리 많이 비싸지는 않았다. 경기도로 이사할 때쯤 운 좋게도 부동산 경기가 좋아 최고점에 팔고 이사 오게 된 것이다. 우연히 이사 시기와 운이 따른 것이다. 거의 배가 올랐다. 10년쯤 살았지만 지방에 있는 집은 잘 오르지 않기 때문이다. 전세가나 집값이나 거의 비슷하기도 하다.

그래서 사람들은 투자보다는 편하게 살 집이라 생각한다. 아이들이 커 갈수록 돈이 많이 들었다. 절약하는 데에도 한계가 있었다. 처음에는 주식 투자로 용돈이라도 벌어봐야겠다고 생각했다. 수익이 10~20% 이상 나면 무조건 팔기로 정했다. 10~20% 수익을 보면 다른 통장으로 옮기고 맛있는 음식을 사서 아이들과 함께 즐겼다.

몇 년을 주식 투자를 하다 보니 돈 욕심은 생겼지만 공부는 게을리하게 되었다. 그냥 전문가에 의존해 추천해주는 종목으로 하다 보니 내가 철저히 공부하고 투자할 때보다 손해가 발생하였다. 내 자산은 내가 지켜야지 나보다는 아무도 간절하지가 않다는 걸 깨달았다. 투자가 생각처럼 쉽지 않았다. 그래도 투자 이득을 보았고, 수익이 있을 때 하루하루 변동성이 많은 주식을 정리하기로 하였다.

주식을 하면서도 부동산 투자에도 관심을 가졌지만 간혹 생각 날 때마다 서점에 가서 책을 사 볼 정도였다. 왜냐하면 아이가 셋이라 다자녀 특별공급이 있다는 말을 들었기 때문이다. 오래된 청약통장이 있기 때문에 이것이라도 사용하고 싶었다. 고생해서 아이 키운 혜택을 봐야 한다는 단순한 욕심 때문이었다.

엄마가 된다는 것은 제2의 인생이 시작된다는 것이다. 늘 나 자신이 아닌 아이들이 우선이었다. 아이뿐만 아니라 노후에 자식에게 짐이 되는 부모가 되기 싫었다. 지방에서 살았기 때문에 서울 경기 지역을 잘 몰랐다. 내가 읽은 책 속에는 2기 신도시 중에 광교 신도시가 가장 좋다고 쓰여 있었다.

나의 장점은 실행력이 빠르다는 장점이 있다. 막내 친구 엄마에게 "광교 아파트가 좋다는데 같이 가볼까?"라고 말했다. 지방에서 살다가 여기 오니 버스 타기가 무섭다고 하였다. 같이 따라 가주었다. 정말 고마웠다. 2기 신도시 운정 신도시에서 광교 신도시는 꽤나 멀었다. 막내 친구 엄마와는 지금도 언니 동생 하면서 친하게 지낸다. 이사 와서 아이로 인해 처음 사귄 엄마이다.

이때까지만 해도 지하철 노선도 보지 못했고 동네에서만 운전했기 때문에 다른 지역에 운전해서 간다는 것이 엄청 무서웠다. 버스를 타고 찾아갔던 것이다. 그 당시엔 다자녀 특별 공급은 직접 가서 줄 서서 청약을 신청했기 때문이다. 남편은 회사 일로 바쁘고 부동산엔 관심이 별로 없었다.

그 당시 청약할 때는 광교가 허허벌판이었다. 경쟁률이 2012년 말에 거의 40대 1 정도로 기억된다. 운 좋게도 로얄동 로얄층에 당첨 되었다. 계약금 10%를 준비하였다. 분양가가 5억 후반쯤이었다. 지금은 분양가의 세 배가 넘게 오른 걸로 알고 있다. 운도 공부하고 준비된 자에게 따른다고 생각한다. 책을 통해 부동산에 관하여 공부했기 때문에 정보도 알 수 있었다고 생각한다.

이 투자가 나에게는 경제적 자유로 가는 첫걸음이 되었다. 그러나 부동산 경기가 얼어붙으면서 내가 사는 2기 신도시도 2012년 말에 공공분양 임대 아파트가 미분양이 되었다. 미분양이라 대형 평수는 집이 있어도 청약할 수 있었다. 보증금 7,000만 원에 월세로 사는 것이었다. 나는 거주하고 있던 집을 팔고 보증금을 넣고 남는 돈으로 투자를 시작하였다.

일반 아파트도 대형 평수는 1억 이상 떨어진 상태로 분양을 하였기 때문에 살고 있던 아파트를 팔고 신도시로 대출을 받아 집을 옮겼다. 대출 끼고 월세를 받아 이자를 충당하였다. 아이를 키워놓고 40 중반이 넘은 늦은 나이에 투자를 하였다. 늘 어떻게 돈을 벌어야 할지는 무의식중에도 늘 생각하였던 것 같다. 2014년 입주하고 그다음 해 살던 임대 아파트 옆 브랜드 아파트가 미분양 되었다. 부동산 경기가 좋지 않았다.

90% 이상이 미분양이었다. 분양권이기 때문에 25평 아파트가 3,000만 원 정도 있으면 계약할 수 있었다. 고민 끝에 골라서 하나 계약했다. 분위기가 점점 바뀌는 것을 느꼈다. 이때부터 부동산 투자에 관심을 쏟았다. 경제신문을 읽고 세계 경제도 눈여겨보고 경제 블로그, 경제 세미나, 하루 1시간 정도는 경제 공부를 나름 하였다. 25평과 26평 두 개를 계약하였던 것이다. 이땐 돈이 부족하여 약관 대출로 충당하였다.

내가 사는 집 옆이라 어느 누구보다도 잘 알 수 있었다. 계약하고 나서 GTX 고속전철 호재가 발표되고 2배 이상 올랐다. 내 돈은 계약한 3천만 원 정도이고 전세나 월세를 놓아 이자를 충당하였다. 3천만 원 계약금을 넣고 3억 원 정도의 아파트를 6억에 팔았다. 삼천만 원으로 몇 배의 수익인가? 지금은 더 올라 칠억 원을 넘어섰다.

김포 역세권 오피스텔 투자도 해보았다. 이 오피스텔도 지금은 많이 올랐지만 조금의 용돈벌이 정도만 남겼다. 공동 투자라 지인이 사정이 생겨 빨리 팔 수밖에 없었다. 소액 경매로 땅도 투자해보고 공동 투자로 신도시 내에 땅도 투자하였다. 운이 좋았는지 많지는 않지만 월급으로는 벌 수 없는 수익을 남겼다. 더 오를 걸 알았지만 2020년 말 조정지역으로 발표되기 전에 오피스텔 1채와 아파트 3채를 정리하여 시세 차익을 많이 보았다. 전세가 분양가를 뛰어넘어 가져가도 무리가 없지만 안전한 투자를 위해 정리를 하였다.

지금 가지고 있는 수지 성복역 근처 대형 미분양 아파트도 계약금 10% 넣고 투자하였다. 이때도 계약금이 없어 마이너스 통장의 힘을 빌렸다. 전세가 많이 올라 빌린 돈을 갚고도 내 돈이 필요 없게 되었다. 이 아파트도 산 가격의 2배 넘게 거래가 되고 있는 것 같다. 임대 아파트도 분양 전환되어 2배 이상 올랐다. 가지고 있는 아파트를 판 이유도 GTX 역세권에 미분양 아파트 분양권을 2개를 더 가지고 있기 때문이다. 올해 하나는 입주하고 하나는 월세로 세팅을 할 것이다. 사람들이 3기 신도시가 들어선다고 하니 내가 사는 2기 신도시는 입지가 안 좋아 큰일 난다고 분양을 받지 않았기 때문에 기회가 나에게로 온 것이다. 사람들은 공부하지 않고 단순한 뉴스에도 이리저리 흔들리는 것 같다.

지금은 아파트 규제로 인해 지식산업센터와 생활형 숙박시설을 틈새로 투자해 월세를 받고 있다. 경매로 소액 땅 투자도 조금 해놓았다. 내가 아파트에 투자할 때만 해도 사람들이 큰일 난다면서 말렸다. 모든 투자는 리스크가 따르기 마련이다. 운도 따라야 하지만 자신만의 소신이 있어야 된다고 생각한다.

여윳돈으로 투자하는 것이 가장 좋은 방법이지만 여윳돈이 많지 않는 우리는 기회를 잡아야 한다. 살면서 상승장이 몇 번 오지 않는다고 생각한다. 기회를 잘 잡기 위해선 철저히 공부하고 준비하여야 된다고 생각한다. 돈이 없는 우리는 은행 돈도 적당히 활용해야 된다고 생각한다.

외벌이의 전업주부이지만 지금은 월급으로 벌 수 없는 자산이 생겨 조금이나마 마음이 편해졌다. 경기도 역세권 아파트 5채와 지식산업센터, 생활형 숙박 시설과 땅을 가지고 있다. 이렇게 흔들리지 않고 투자하게 된 것도 매일 나만의 경제 공부를 했기 때문에 나름 원칙이 생겼기 때문이다. 운도 공부하고 준비된 자에게 따른다고 생각한다. 이렇게 나에겐 부동산 투자는 경제적 자유로 가는 첫걸음이 되었다.

3

난 이렇게 하루 1시간 노후 준비를 했다

경제적 자유는 30대, 40대, 퇴직을 앞둔 50대 모든 직장인들이라면 갖는 꿈이 아닐까 생각이 든다. 내가 부자가 되고 싶고 경제적 자유를 누리고 싶다면 남들이 여유를 만끽하고 있는 순간에도 어떻게 하면 돈을 벌수 있을지 고민해야 한다. 대한민국에서 부자가 될 수 있는 방법은 비트코인, 주식, 사업 등이 있지만 부동산 투자를 빼놓고는 말하기 힘들다.

작가 하브 에커의 『백만장자 시크릿』에는 '돈이 나를 위해 일하게 하라'는 이야기가 나온다.

"부자들은 돈이 자신을 위해 일하도록 한다. 가난한 사람들은 돈을 위해 일한다. … 다른 사람이 일하도록 하고, 비즈니스 시스템이 작동하도록 하고, 투자자본이 움직이도록 한다. 처음에는 돈을 위해 열심히 일하지만, 그 후에는 돈이 자신을 위해 일하도록 한다."

솔직히 말해 난 돈이 좋다. 돈을 좋아하니 돈도 나를 따르는 것 같다. 사람도 좋아하는 사람이 따르듯이 돈도 돈을 좋아하는 사람을 따르는 것 같다. 누군가 돈이 좋다고 노골적으로 말하면 돈 밝힌다, 속물이라고 뭐라 하는데 나는 돈이 좋다. 자본주의 사회에서 살고 있는 한 돈을 싫어하는 사람은 없을 것이다. 돈은 자본주의 사회에서는 중요하다. 돈은 현실이다. 돈을 밝히면 나쁜 것이라고, 부자를 욕을 해서는 안 된다. 보통 이런 사람들이 가난하다고 생각한다.

자본주의 사회에서는 무엇보다 돈이 중요하고 이 돈을 벌 수 있는 능력, 돈을 볼 수 있는 안목을 키워야 한다. 돈의 가치를 간과하는 사람들은 두 가지 부류이다. 무지하거나, 자신의 마음을 숨기고 거짓말하는 것이다. 둘 다 당신의 인생에 그다지 도움이 되진 않는다.

경제적 자유를 지향하는 사람이라면 돈의 소중함을 알고 돈을 벌기 위해 노력하는 사람을 만나야 한다. 일을 하는 이유가 무엇인가. 돈을 벌기 위함이다. 목표 달성, 자아실현 등의 나름의 목표도 있겠지만 돈의 결여와 자아실현은 허상에 가깝다고 생각한다. 돈은 돈보다 더 소중한 것을 지켜주는 역할을 한다. 따라서 행복을 지향하는 사람이라면 경제적 자유를 이뤄야만 한다. 경제적 자유를 이루기 위해서는 투자는 필수이다. 노동 소득 가지고는 경제적 자유를 절대 이룰 수 없으며, 사업소득 가지고는 경제적 자유를 이루기 매우 힘들다.

투자에서 가장 중요한 건 지식도 공부도 아닌 실천이다. 공부가 완벽하게 되지 않아도 괜찮다. 실전에서 배울 수 있는 것들도 있다. 그러므로 어느 정도의 공부가 된 상태라면 실전에 뛰어들어야 한다.

부동산을 공부하기에 있어 책은 필수이다. 돈 만 원 정도의 가격으로 책을 통해 부동산에 대해 다양한 지식과 경험을 얻어갈 수 있다. 부동산 책을 읽으면 그 분야에 관한 자세한 내용들을 습득할 수 있다. 나 또한 처음 투자는 책을 읽고 아파트 현장을 가보고 투자하게 된 것이다.

책을 통해 공부하고 아침에 눈 뜨자마자 경제신문을 읽고, 경제 관련 소식들을 듣는 습관이 되었다. 이렇게 하루에 1시간씩은 신문과 경제커뮤니티, 유튜브, 라디오 등을 습관적으로 자연스럽게 보거나 듣게 된다. 나이가 들어서도 행복하게 지내기 위해서라면 노후 대비가 꼭 필요한 시대가 되었다. 연구결과에 의하면 수명은 소득과도 큰 연관이 있다고도 한다. 삶을 좀 더 윤택하게 살아가기 위해선 근로소득과 저축도 필요하지만 근로소득 이외의 다른 소득도 만들어내야만 한다.

워런 버핏은 말했다.

"잠자는 동안에도 돈이 들어오는 방법을 찾아내지 못한다면 당신은 죽을 때까지 일을 해야만 할 것이다."

나 역시 전업주부로 외벌이의 남편의 월급으로 세 아이를 키우며 알뜰하게만 살아왔다. 무엇부터 해야 할지 어디서부터 해야 할지 몰랐다. 관심이 있는 것은 일단 그냥 책을 보고 공부하고 찾아가보기도 하였다. 주식이 관심이 있으면 주식 관련 책을 펴놓고 모든 관련 있는 것들을 공부해보고 소액이라도 투자 해보는 등 실행에 옮겨보았다.

시간이 지날수록 '할 수 있을까? 가능할까?' 했던 걱정들이 '나도 할 수 있겠는데?' 하는 자신감과 긍정 마인드로 바뀌어나갔다. 실행하지 않으면 아무것도 일어나지 않는다. "긍정적인 사람은 한계가 없고 부정적인 사람은 한 게 없다."라는 말이 있다.

하나씩 부동산 투자로 재테크를 하다 보니 월급으로는 만질 수 없는 소득도 생겼다. 지금은 매달 월급처럼 월세가 들어오는 수익형 부동산에 관심을 가지고 투자하고 공부하고 있는 중이다. 나만의 목표인 100억 모으기를 위해서이다. 가능할까 생각했던 것들이 가능하다로 바뀌었다. 50대 중년 주부인 우리도 충분히 할 수 있다. 자신감을 가지고 해보자.

처음에는 내가 할 수 있는 범위 내에서 조금씩 시작하여 보고 행동에 옮기다 보면 답이 보이고 길도 보이기 시작한다. 아직 부자는 아니지만 경제적으로 조금의 여유가 생기니 나를 가꾸고 나를 위한 투자에도 더욱 여유가 생겼다. 준비하지 않으면 너무 오래 사는 건 불행이다.

우리나라는 OECD 노인 빈곤율, 노인자살률 1위 국가라고 한다. 자본주의 사회에 사는 한 경제 공부는 필수라고 생각한다. 앞으로도 경제 공부는 계속해서 적어도 하루 1시간 정도는 꾸준히 할 것이다. 돈은 행복에 있어 중요한 요소 중 하나가 되겠지만 돈이 행복의 전부가 아닐 것이다.

물론 노후 생활 조사에서는 사람들은 노후 준비에서 가장 중요한 것으로 경제적 여유로 뽑는다. 그리고 건강, 여가생활, 사회활동이 뒤를 이었다. 누구나 시간을 거스를 수는 없다.

인생 전반전을 가족을 위해 열심히 살았다면 인생 후반전은 행복한 노후를 보내기 위한 삶을 준비하여야 한다. 진정으로 내가 원하는 것이 무엇인지를 찾고 그 일을 즐기면 된다. 내가 중심이 되는 삶, 내가 즐겁고 행복한 삶을 살아가야 한다. 건강을 위한 운동과 좋아하는 책을 읽으며 좋은 사람들과 얘기를 나누고 사귀며 살아가고 싶다.

4

더 늦기 전에 하고 싶은 일에 미쳐라

누구나 지나온 삶에 후회를 가지게 마련이다. 이러한 후회를 하나씩이라도 줄여갈 수 있다면 우리는 더 행복한 삶을 살게 되지 않을까? 매일이 소중한 것을 알고 있다. 무엇을 시작하기에 늦었다는 생각이 들어 주저하는 마음이 생긴다면, 각자 지금의 출발점을 정확히 점검해볼 필요가 있다. 바로 거기서부터 하나씩 천천히 새로운 기회를 만들어가면 된다.

나 역시 세 아이를 키울 때는 무엇을 할지 무엇을 잘하는지 오랫동안 육아와 집안일에 치우쳐 생각해볼 여유가 없었다. 아이들을 어느 정도 키우고 유치원, 학교에 다닐 때쯤부터 내가 할 만한 것에 도전해 각종 자격증을 따고 일도 해보았다. 사회복지사, 간호조무사, 보육교사 자격증, POP 강사 자격증 등 여러 가지 해보려고 하였다.

아이들이 성장하니 경제적으로도 보탬이 되어야 했기 때문이다. 아이들이 성장했어도 집안일과 직장 일을 병행하기에는 벅찼다. 좀 더 시간적 여유가 되고 자유로운 일을 찾다 보니 주식과 부동산으로 공부하게 되었고 투자의 성과가 나오니 재미도 있었고 어느 정도 경제적으로 여유가 생겼다. 무엇인가 하기로 마음먹었다면 너무 망설이지 말고 그냥 시작해보자. 하다 보면 새로운 길이 보이고 생기는 것 같다. 가장 쉽게 할 수 있는 작은 일부터 해보자. 생각만 하지 말고 행동으로 실천해보자.

같은 아파트에 살면서 친하게 지낸 수영이라는 동생이 있었다. 고향도 같았고 나처럼 세 아이를 키우고 있어서 금방 친해졌다. 아이들이 많다 보니 타지에서도 전업주부인 나는 아이로 인해 친구가 많이 생겼다. 막내가 여섯 살 때 이사 와서 사귄 막내 친구 엄마이다. 이제는 우리 집 막내도 군대에 갔으니 꽤 시간이 지났다. 동생 수영이는 공부해서 공무원이 되고 싶다고 했다. 아이가 셋이나 있는데 힘들지 않을까 내심 걱정하였다. 물론 그 동생 남편은 아이들도 잘 보는 가정적인 남편이었다. 친정 엄마의 도움을 받았지만 나이 들어서 하루 종일 공부하기란 쉽지 않다. 수영이는 하루 종일 공부하고 힘이 들어 쓰러져 병원에 실려 간 적도 있었다. 한 번에 합격한 것은 아니지만 무던한 노력으로 당당히 합격하였다. 아이가 셋이다 보니 맘에 걸려 많이 망설이기도 하였다.

처음에는 아이들이 엄마가 공부하는 것을 힘들어했다고 한다. 하지만 익숙해지니 엄마와 아이들이 같이 도서관에서 공부하는 것을 보니 보기가 좋았다. 그때 하고 싶은 일을 미루고 도전하지 않았다면 너무나 후회했을 거라고 한다. 공부하기가 너무 힘이 들고 불합격 받았을 때는 포기하고 싶은 생각이 들 때가 한두 번이 아니었다고 한다. 지금은 너무나 행복하다고 한다. 지금도 공무원 생활을 하면서 석사 과정을 마치고 또 다른 공부를 하고 있다고 한다.

자녀가 독립하면 주부들은 갱년기와 빈 둥지 증후군으로 힘들어 하는 주부들도 많다고 한다. 아이가 셋이지만 늦은 나이에 공무원 시험에 도전해서 당당히 합격하여 자기 일을 열심히 하는 동생이 대단하고 멋있다고 생각한다. 주부로서 경제적 독립도 하고 자기 관리를 잘하는 동생을 보니 하고 싶다고 마음먹었다면 지금 바로 시작해보는 것도 현명한 선택인 것 같다.

복잡하게 생각하지 말고 그냥 해보자. 열심히 최선을 다해보고 아니면 또 다른 길을 찾으면 된다. 배움에는 나이가 따로 없다. '나이를 너무 먹어 공부하는 것이 창피하다.'라든가, '가족을 부양해서 공부할 시간이 없다.'라든가 핑계를 대는 사람들이 많다. 그냥 시작하여보자.

나폴레온 힐의 『놓치고 싶지 않은 나의 꿈 나의 인생』에서는 잠재의식에 대해 말한다.

"이미 꿈을 이룬 자신의 모습을 생생하게 마음속에 그림으로써 잠재의식은 신념을 더욱 강하게 만들고 어느 사이엔가 꿈을 현실로 이뤄낸다. 날마다 마음속에 성공을 그려라. 긍정적인 자기 암시는 목표를 이루기 위한 가장 효과적인 자극이다."

오십은 꿈을 포기하기엔 너무 이른 나이다. 미래는 오늘 하루하루가 모여서 미래의 내가 되는 것이다. 참고 인내하며 묵묵히 가다 보면 내가 원하는 미래의 모습이 되지 않을까? 아이들이 독립한 나이인 지금이 오히려 열정적으로 살아갈 나이이다.

3년 전쯤 막내딸 같이 키운 반려견이 죽었고, 몇 달 간격으로 친정아버지를 하늘나라로 보내드렸다. 잇따른 슬픔에 가슴 밑바닥에 못이 박힌 듯 아팠다. 혼자 있는 시간이 견딜 수 없이 힘들고 괴로웠다. 혼자 있는 시간을 보내지 않기 위해서라도 활기찬 일을 한번 해보기로 하였다. 부동산에 관심이 많았던 나는 부동산 관련 일을 찾아보았다. 오십이 넘은 나이에 집에만 있던 전업주부라 선 듯 나가기에 망설임이 있었다.

그러나 슬픔도 잊고 한번 해보고 싶은 일이라 안 해본 일에 도전해보기로 하였다. 혼자 할 용기가 없어 친한 언니와 함께 오피스텔 분양 일을 했다. 첫 현장은 젊은 사람들이 많았다. 언니랑 나는 나이가 꽤 많은 편에 속했다. 어색하고 영업이 처음이라 힘들고 부끄러웠다. 그렇지만 살아온 경험이 있으니 열심히 따라 하고 배우다 보니 사람 대하는 것이 그리 어렵지만은 않았다. 상품을 고객에게 브리핑하고 성과가 있으니 나름 재미있고 스릴도 있었다.

수익도 생기고 정신없이 바쁘게 사니 삶에 활력도 생겨났다. 시간이 지나니 슬픔도 조금은 잊혔다.

석 달 만에 첫 현장을 완판하고 두 번째 현장으로 가서 근무하게 되었다. 현장이 바뀔 때마다 영업사원들도 현장마다 달랐다. 이번에는 거의 나보다 나이들이 많았다.

나는 적잖게 놀랐다. 나이가 많다고 새로운 일에 도전하는 걸 두려워하였는데 나이에 상관없이 다들 너무나 열정적이셨다. 심지어 오십이 넘은 나에게 "한참 젊을 때라 뭐든지 할 수 있겠어."라고 말하였다. 난 당황스럽기도 하고 한편으로 너무 좋아서 입가에 웃음이 번져나갔다. 우리 어머님과 동갑인 어르신도 일을 하시고 너무나 젊게 사셨다. 정말 나이는 숫자에 불과하다. 처음 하는 오피스텔 분양 현장에서 많은 것을 배웠다. 영업의 기술, 사람 대하는 방식, 무엇보다 나이는 꿈을 꾸기에는 아무런 걸림돌이 되지 않는다고 생각하게 되었다.

결혼과 육아, 주부로 지내온 시간이 길다 보니 자신감이 떨어진 것이 사실이다. 내 꿈이 무엇인지 잊고 살았다. 처음 도전해본 일로 인해 많은 자신감도 생기고 마음에서 열정이 샘 솟았다. 도전 자체가 잃는 것보다 얻은 것이 많다고 생각한다.

난 지금 새로 태어났다는 마음으로 오십부터 새로운 한 살이라 정하고 살아간다. 지금 이 책을 쓰고 나서는 내가 하고 싶었던 땅 공부를 시작할 것이다. 한 번도 해보지 않은 블로그도 차근차근 배워 보고 싶다. 부동산 공부는 항상 조금씩이라도 할 것이며 정리하였던 주식도 용돈 벌이 정도로 다시 시작해볼 것이다. 하고 싶고 배우고 싶은 일들이 많아졌다.

김미경의 『꿈이 있는 아내는 늙지 않는다』에서는 잊고 살았던 꿈을 부활시키는 방법을 알려준다.

"꿈을 이룬 사람과 이루지 못한 사람의 차이는 그것을 위해 자신을 올인 했는지 안 했는지 하는 것뿐이다. 뻔한 소리 같고 고리타분한 얘기 같지만 이것은 변하지 않는 진리다."

오랫동안 집에서 살림만 하다가 다시 사회활동을 하니 힘이 들 때도 많았다. 영업을 할 때 유난히 예민하고 까다로운 고객이 있다. 그렇지만 이런 고객이 나를 믿고 계약할 때는 두 배의 기쁨으로 온다. 그냥 시작하면 된다. 오늘만큼 중요한 날은 없다. 무엇인가 시작해야겠다고 생각했다면, 내일이 아니라 그냥 오늘 하면 된다. 오늘을 매일매일 잘 보내다 보면 내일의 멋진 내가 되는 것이다.

5

이제는 진짜 내 인생을 살자

나이가 들면서 완벽하지는 않더라도 계속해서 성장해나가고 싶다. 이제는 누군가의 엄마나 아내가 아니라 나만의 라이프 스타일을 즐기면서 진짜 나로 살아가고 싶다. 늦었다고 생각할 때가 가장 빠를 때이다. 오늘은 내 인생에서 가장 젊은 날이다.

사실 세상에 자유롭고 싶지 않은 영혼이 어디 있을까? 진짜 내 인생을 살고 싶다면 쉬운 일부터, 좋아하는 일부터 시작해보자. 나이가 들었다고 새로운 시작을 두려워한다면 평균수명이 길어진 시대에 앞날이 암담해진다.

돈이 필요해서 일을 하기도 하지만 꼭 돈 때문에 일하는 것은 아니다. 전업주부는 성취감이나 만족감을 느끼기가 쉽지는 않다. 반복되는 일상 속에서 꿈과 비전을 가지고 미래를 꿈꾸면서 하루를 살아간다는 것이 쉽지 않다.

우리는 태어나서 죽을 때까지 세상이라는 인생을 배우고 성장하는 학생이다. 운동이든, 요리든, 책 읽기든, 그림이든 상관없이 다른 사람에게 관심이 가던 에너지를 나 자신을 위해 써보자. 나답게 산다는 것은 내가 원하는 대로, 내가 바라는 대로, 내가 마음먹은 대로 살아간다는 것이다.

50대는 이런저런 변화가 나타나는 시기이다. 자녀가 성장해 독립하거나 독립된 인격체로서 자신만의 삶을 꾸리며 부모의 간섭을 거부한다. 남은 인생 절반을 허송세월하며 보낼 수는 없지 않는가? 이런저런 위험과 부담, 두려움 때문에 실행에 옮기지 못한다면, 그것만큼 후회될 일은 없을 것이다.

이 세상에 못난 사람은 아무도 없다. 나라는 존재는 이 세상에 단 한 명뿐인 유일한 존재이다. 중요한 것은 성공이 아니다. 끊임없이 나를 발전시키고, 더 중요한 가치를 향해 나아가는 것이야말로 우리 모두가 꿈꾸는 진정한 성공이다.

우리는 살아가면서 중요한 변화를 위한 선택의 기회를 맞게 된다. 그랬을 때 용기 있는 결정을 해야 된다. 새로운 변화가 두려워 변화하지 않으며 살 수가 없다. 새로운 삶을 위한 변화는 고통이 따르기 때문이다. 용기 있는 선택과 결정은 나의 미래이기 때문이다.

제2의 삶을 살도록 준비하고 자신의 무한한 가능성을 펼쳐 보도록 하자. 남은 인생을 보다 활기차고 멋지게 살아보기 위해서 우리도 솔개의 변화를 한번 생각해보자.

솔개의 수명은 매우 길어 70년을 산다고 한다. 그러나 솔개가 오래 살기 위해선 반드시 거쳐야 하는 힘든 과정이 있다. 40년이 되었을 때 매우 고통스럽고 중요한 결심을 해야만 한다.

솔개는 약 40년이 되면 발톱이 노화하여 사냥감을 그다지 효과적으로 잡아챌 수 없게 된다.

부리도 길게 자라고 구부려져 가슴에 닿을 정도가 되고, 깃털도 짙고 두껍게 자라 날개가 매우 무겁게 되어 하늘로 날아오르기가 힘들게 된다. 솔개에게 생명의 위기가 닥쳐온 것이다. 이때 솔개는 중대한 선택을 해야 한다. 그런 몸으로 40년의 생을 마감하느냐, 아니면 죽음과도 같은 고통스러운 과정을 거쳐 새로운 삶을 시작하느냐 선택해야 한다. 변화와 도전을 선택한 솔개는 높은 바위산으로 날아가 둥지를 튼다. 이미 능력을 상실한 자신의 구부러진 부리를 없애기 위해 엄청난 고통을 감내하며 바위를 사정없이 쪼기 시작한다. 부리가 없어지면 새로운 부리가 돋아난다. 이번에는 새로 돋은 부리로 자신의 발톱을 하나하나 뽑아내며 고통을 견뎌야 한다. 발톱이 뽑힌 자리에서 새 발톱이 돋아난다.

이렇게 스스로가 고통을 가하고 이겨내는 반년이란 시간이 지나면 솔개는 새 깃털이 돋아 완전히 새롭고 활기찬 모습으로 변신한다. 이제 다시 힘차게 하늘로 날아오른 새로운 솔개는 지금까지 살아온 시간보다 30년을 더 활기차게 누릴 수 있는 것이다.

우리는 현시대를 살아가며 무언가를 위해 도전하고, 경쟁하며, 바쁘게 살아가고 있다. 이것을 스트레스로 받아들이지 말고 나를 위한 노력으로 생각해보는 것이다. 삶에서 많은 위기의 순간이 온다. 그것을 잘 해결하는 사람을 보면, 자신의 삶을 즐기며 해결할 방법이 있다고 생각하는 사람들이다. 사람이 항상 제자리에만 있지는 않는 것 같다. 매일매일 빠른 성장이 아니라도 천천히 일상에서 조금씩 성장하는 것은 나에게 정말 값진 일이다.

친하게 지내는 동생, 혜화는 중국에서 한국에 온 지 15년 정도 되었다고 한다. 지금은 한국이 좋아 한국인으로 귀화했다고 한다.

부동산에 관심이 많던 나는 부동산 공부를 하다 세미나에서 혜화를 만나게 되었다. 둘은 나이도 비슷하고 관심사가 비슷해서 금방 친해지게 되었다.

혜화는 오십이 된 중년의 나이이지만 자기관리를 잘하였다. 중년의 나이로 보이지 않을 정도로 관리를 잘하였다. 10년은 젊어 보였다. "혜화야, 넌 원래 살이 안 찌는 체질이야?" "언니, 난 운동할 시간이 없어서 식단 관리에 항상 신경 써, 살찔까 봐." 외모뿐만 아니라 자기 인생을 멋지게 살아가고 있었다. 자기계발에 힘쓰면 항상 모든 일을 긍정적으로 살아가며 적극적으로 배움에도 노력하는 삶을 보니 동생이지만 혜화를 닮고 배우고 싶은 맘이 저절로 들었다.

난 한국에서 나고 자랐으면서도 어렵고 귀찮다는 이유로 공부를 할 생각도 하지 못한 걸 혜화는 끊임없이 배우며 자기 인생을 긍정적으로 살아간다. 블로그에 글도 쓰고, 유튜브에도 도전하며 이번에는 공인중개사 시험도 합격했다는 것이다. 한국에 처음 왔을 때 너무 외롭고 힘들었다고 한다. 중국에서 대학을 나왔지만 한국에서는 남들이 하지 않는 힘든 일부터 시작했다고 한다. 꾸준히 성장하고 배워서 자기처럼 힘들게 정착하는 사람들을 돕는 동기부여가가 꿈이라고 하였다. 조금이라도 선한 영향력을 끼치는 사람이 되고 싶다는 것이다. 전업주부로 오래 지내고 이곳에서 나고 자란 나는 혜화 동생에게 할 수 있다는 긍정의 힘을 오히려 많이 받는다. 혜화는 배움의 열정으로 자신의 인생을 누구보다도 멋지게 살아가는 것 같다.

오늘 배우지 아니하고 내일이 있다고 말하지 말라. 올해 배우지 아니하고 내년이 있다고 말하지 말자. 누군가를 위한 삶이 아닌 나를 위한 삶을 살아보자. 요즘 50대는 매우 젊다. 다시 새로운 일을 하든, 미치도록 좋아하는 일을 하든, 본인이 원하는 것부터 시작해보자. 새로운 마음으로 다시 한번 즐기고 내 인생을 살아보자.

세 아이의 엄마, 누구의 아내, 며느리, 딸로 살아온 날들, 거의 30년 가까이 가족 위주의 삶에서 벗어나 내 인생을 멋지게 살아볼 것이다.

나의 삶보다는 가족의 삶을 위해 앞만 보고 살다 보니 어느 순간 나 자신이 사라졌다. 과연 무엇을 위해 사는 건지 가끔 되묻기도 한다. 가족을 위해 힘들게 살아왔는데 나를 인정해주지 않는 것 같은 기분이 든다. 나를 누군가 인정해주기를 바라면서, 미련을 갖기도 한다.

나 자신이 좋아하는 것, 하고 싶은 것을 뒤로 미룬 채 나 아닌 가족 위주의 삶을 살아왔었다. 지금부터는 나 자신이 배우고 싶었던 것들을 하나하나 해볼 것이다. 나를 스스로가 인정해주고 나를 위해 살아가는 연습을 해야 한다. 많은 시간 동안 가족의 위해 조연으로 살아왔다면 이제는 내 인생의 주인공으로 나 자신의 꿈을 펼쳐볼 것이다.

이 글을 쓰고 나면 부동산에 관심이 많은 나는 부동산에 관한 공부를 체계적으로 할 것이고, 블로그도 배워보고 싶다. 배워 보고 싶은 것들이 많이 떠오른다. 생각만 해도 즐겁다. 나 자신을 위한 공부를 하고 성장해 나가는 것이 얼마나 행복한 일인가?

인생의 주인공은 나이다. 내가 원하는 것, 내가 사랑하는 것, 행복도 스스로 선택하며 살아간다. 내가 우선이고 내가 있으니 모든 것이 존재하는 것이다. 이제부터라도 진짜 내 인생을 살아가보자.

6

혼자 있는 시간을 즐겨라

누구나 가끔씩은 혼자 있는 시간이 외롭거나 힘들게 느껴질 때도 있다. 혼자 있거나 혼자 있는 자체를 못 견디는 사람들이 많다. 행복이란 스스로 만족하는 데 있다. 행복은 누가 만들어주는 것이 아니다. 자신의 행복은 스스로 만드는 것이다. 누군가에게 사랑을 받던 칭찬을 받던 모든 행복은 스스로 만드는 데 있다.

나이가 들수록 더욱 행복해야 한다. 나이가 들수록 행복하게 살날이 더욱 짧아지기 때문이다. 지금까지 앞만 보고, 누구 못지않게 열심히 살아왔다. 나 자신이 누구인지, 어디로 향해 가고 있는지 모른 채 잊고 살아온 것 같다. 지나온 시간을 돌아보면 가족을 위해 아낌없이 내주었던 지나온 세월 나를 제쳐두고 아내로서, 엄마로서, 가족의 욕구를 충족시키기에 바빴던 날들이 보인다.

그것이 내가 줄 수 있는 사랑이고 본분이라며 당연한 것이라고 느껴왔을 수도 있다. 누구의 엄마, 아내가 아닌 자신의 이름으로 '나'를 드러내자. 스스로 이해하고 자신이 원하고 바라는 모습을 향해 한 걸음씩 내디뎌 보자. 스스로 관심을 가지고 오로지 나라는 존재에 관심을 갖고 생각해보는 시간을 가져보자.

내가 원하는 삶을 살아간다는 것은 스스로가 주체가 되어야 한다. 어디까지나 인생의 주인은 나이다. 나답게 산다는 것은 내가 원하는 대로, 내가 마음먹은 대로, 내가 바라는 대로 살아간다는 것이다. 삶의 의미를 찾고 싶은 우리의 소망을 하루하루 실현하며 일상 자체가 풍요로워지기를 기대하는 것이다.

사이토 다카시의 『혼자 있는 시간의 힘』에 이런 말이 나온다.

"주변 사람들과 잘 사귀면서도 혼자일 때 나 자신에게 충실한 시간을 보내는 것이 어른이 가질 수 있는 이상적인 고독의 상태가 아닐까."

하는 일마다 제대로 풀리지 않고, 친구도, 연인도 떠나는 순간은 누구나 감당하기 어렵다. 그때의 외로움은 겪어본 사람만이 안다. 그러나 고독을 극복하고 내면에 깊이를 더한 사람은 결코 흔들리지 않는다. 수동적인 고독을 넘어 적극적인 고독을 선택한 사람, 안락한 자리를 뿌리치고 하고 싶은 일을 하겠다는 사람은 깊고 빛난다.

인간은 본질적으로 혼자다. 외로움을 느끼는 것은 당연한 일이다. 사람은 홀로 태어나서 홀로 죽는다. 이는 당연한 위치다. 친한 친구도 많고 주변에 사람들이 많아도 외로움을 느낄 수 있다. 외로움을 많이 타는 사람은 타인에 대한 기대치가 너무 높아 친밀한 관계 속에서도 만족하지 못한다. 사람은 누구나 혼자 있는 시간을 피할 수 없다.

혼자만의 시간을 잘 보내려면 우선 혼자는 외롭다는 편견에서 벗어나야 한다. 우리는 외로운 감정을 부정적인 감정으로 생각한다. 혼자인 시간은 조금은 외로울 수 있지만 오히려 혼자 있을 때보다 누군가와 함께 있을 때 더 외로운 경우도 많다. 군중 속의 고독이란 말도 있듯이 말이다. 어떻게 하면 혼자 있는 시간을 잘 쓸 수 있을까?

코로나 이후 많은 만남이 중단되고 단절된 관계들이 많아졌다. 나도 자연스럽게 혼자 있는 시간이 많아졌다. 혼자 있는 시간 동안 나를 돌아보고 나를 더 만나고 알아가게 되었다. 내가 무슨 일을 잘하고 좋아하는지 알게 되었고 내가 좋아하는 일을 찾아보는 계기가 되었다.

내 감정에 솔직하고 내 욕구를 보살필 수 있을 때 우리는 더 잘 독립할 수 있고 또 상대의 독립을 인정하고 잘 들어줄 수 있다. 조금 더 당당해도 된다.

혼자 있는 시간을 즐기는 법을 작은 것에서부터 찾아보자. 큰 변화는 작은 것에서부터 시작되는 거니까. 혼자 있을 때 나는 도서관에서 책을 빌려 가득 쌓아놓고 한 권 한 권 읽어나간다. 책을 읽으면서 커피도 한잔한다. 주변 정리를 하면 기분이 상쾌해진다.

친구 중 외국 유학도 다녀왔고 사회생활도 잘하는 친구가 있다. 자식 키우는 일을 비롯하여 무슨 일이든 씩씩하고 독립적이다. 그런데 혼자 밥 먹는 일이 어렵다고 하였다. 굶으면 굶었지 혼자서는 식당에 가지 않는다고 하였다. 남들이 혼자 밥 먹는 것을 이상하게 생각하는 것 같다고 하였다. 남의 시선이 싫어서란다. 나도 처음엔 혼자서 밥 먹는 건 생각도 못 했다. 배가 고파도 참거나 간단하게 허기를 채우곤 하였다. 뭐든지 한 번만 해보면 별것 아니다. 카페에 혼자 가는 것이 익숙해지니 식당에도 혼자서 갈 수 있게 되었다. 영화관도 혼자 예매해서 혼자 가서 보고 싶은 영화를 즐겨 본다.

운동할 때도 친구와 같이 다니다가 친구가 일이 있으면 혼자서 가기가 싫어 같이 빠진 날이 종종 있었다. 하지만 지금은 내 스케줄에 맞춰 운동하니 혼자 있는 시간도 오히려 더 좋게 느껴진다. 혼자 놀 줄 알아야 외로움을 즐길 줄 알게 된다.

특히 혼자 있는 시간을 즐길 줄 모르면 나이 들어 삶이 더욱 삭막해진다. 내가 좋아하는 일 중 혼자서 할 수 있는 생산적인 활동을 찾아 시간을 즐기는 것이다. 내가 좋아하는 요리를 만들어보는 것도 좋고, 강아지와 산책도 좋다.

성공한 사람들은 '혼자 있는 시간'을 잘 활용한 사람들이다. '혼자 있는 시간'은 가장 집중해서 나의 능력을 끌어올리는 시간인 것이다. 나 역시 혼자 있는 시간이 글쓰기에 집중이 가장 잘되고 생각이 풍부해지는 시간이다. 나는 혼자 있는 시간에 주로 책을 읽고 앞으로 이루고 싶은 꿈에 대해 상상하곤 한다.

그랬더니 사람들과 어울리기 좋아하고 혼자 있기 싫어했던 시간은 오히려 다른 사람과 함께 있을 때보다도 더 빠르게 지나갔다. 집중해서 글을 쓰다 보면 내 생각이 정리되고 새로운 다짐들을 떠올리게 되며 또 다른 나를 만나게 된다. 나를 더 사랑하게 되고 나에게 더 집중할 수 있다. 물론 사람들과의 만남도 필요하고 즐겁다. 분명 만남을 나누는 시간들도 필요하다. 하지만 가끔은 혼자만의 시간에서 나를 온전히 만나 즐기는 시간도 필요하다는 말이다.

혼자여서, 고독해서 성공한 사람은 정약용이다. 정약용은 평생 약 500권의 책을 썼다. 정약용이 500권을 저술한 비결은 끊임없는 귀양살이이다. 정약용은 고독하다고 생각하지 않았다. 오히려 유배지에서 고독할 겨를 없이 연구와 저술에 전념하였기 때문이다. 정약용은 유배 생활을 끝내고 관직에 복귀하라고 했을 때도 "잠깐만요! 쓰던 책마저 쓰고요!"라고 하였다고 한다.

성공하는 사람의 습관은 혼자 있는 시간을 즐기고 좋은 상상을 하는 것이라고 한다. 고독한 시간과 성공의 관계를 분석해보면 집중력을 높일

가능성이 창의적인 생각을 증가시킨다고 한다. 혼자만의 시간에 고민을

통해 성공을 도모한다고 한다. 우리도 가끔씩은 혼자 있는 시간을 즐겨

보자.

7

새로운 수익 구조를 만들어라

길게 생각하고 미래를 생각해라. 우리는 누구나 부자를 꿈꾼다. 좋은 차를 타고 싶고 아이들을 위해서라도 좋은 집에서 살고 싶어 한다. 가고 싶은 곳을 언제든지 여행하고 싶고 돈에 쫓기지 않는 여유 있는 삶을 살고 싶어 한다. 그래서 우리는 경제적 자유로움, 시간적 자유로움을 꿈꾸며 살아간다.

부는 누구나 꿈꾸지만 부를 이루는 사람은 많지 않다. 어느 누구도 가난해지기로 결정하는 사람은 없다. 다만 부를 부러워하는 사람과 부를 성취한 사람이 있을 뿐이다. 세상에는 부를 누리며 사는 사람들보다 가난한 사람들이 훨씬 더 많다. 가난은 어쩌면 우리의 삶에서 너무나 익숙한 것이 되어버린 건 아닐까?

하브 에커의 저서 『백만장자 시크릿』에선 말한다.

"돈이 나를 위해 일하게 하라. 부자는 돈이 나를 위해 일하도록 한다. 가난한 사람은 돈을 위해 일한다. … 다른 사람이 일하도록 하고, 비즈니스 시스템이 작동하도록 하고, 투자 자본이 움직이도록 한다. 처음에는 돈을 위해 열심히 일하지만 그 후에는 돈이 자신을 위해 일하도록 한다."

나 역시 전업주부로 부동산에 처음 투자할 때는 두렵고 겁이 났다. 두렵다고 아무런 행동도 취하지 않으면 그냥 살던 대로 가난하게 반찬값 걱정하며 살 것이 뻔하였다. 월급으로는 다섯 식구 아끼고 아껴야 생활할 수 있는 돈이다. 처음에는 투자는 부자들만이 하는 일이라고 생각했다. 돈 있는 사람들만이 하는 일이라 알려고도 하지 않았다.

그러나 계속해서 이런 삶을 살아가고 싶지는 않았다. 자식들에게도 물려주고 싶지 않았다. 생활비를 줄이고 저축을 하면서 투자에 들어갈 수 있는 돈을 모았다. 아끼고 저축만 해서는 자산을 늘리기는 어렵기 때문이다. 부동산 관련 책을 보면서 생각만 하지 않고 내가 잘 아는 지역 위주로 아파트 투자를 하였다.

공부하고 망설이고 생각만 하는 것이 아니라 행동하고 실행해야 결과로 이어진다. '생각은 행동에 선행한다.' 내 삶의 모토이자 가치관의 문장이다. 공부하고 실행하니 생각했던 것만큼 어렵지가 않았다. 진행하다가 모르면 책이나 인터넷 부동산 카페의 도움을 많이 받았다. 특히 부동산 카페에는 투자하는 실전 고수들이 많았다. 궁금한 것을 검색하고 물으면 답을 잘해주었다. 부동산 블로그도 도움이 많이 되었다.

공부에서 끝나는 것이 아니라 뭐든 생각했으면 타이밍을 잘 잡아 행동으로 옮기는 것이 중요하다. 사람은 기회가 왔을 때 잡을 수 있는 용기가 있어야 한다. 대부분의 사람은 잡아야 하나 말아야 하나 고민을 한다. '그때 했어야 했는데.', '나도 알고 있었는데.' 하며 온갖 아쉬움을 드러낸다. 물론 아쉬움은 항상 따른다. 한 언니가 일침을 가한다. 그때 '투자하려고 했는데.', '그때 하려고 했는데.'라는 이야기는 누구나 쉽게 할 수 있지만 행동으로 옮기는 용기는 아무나 내지 못한다고 했다. 정확한 정보를 알기 위해선 내가 잘 아는 지역 위주로 가까운 곳부터 알고 투자하면 실패의 확률을 줄일 수 있다.

각자의 경제 상황에 맞게 투자하면 된다. 하다 보면 요령도 생기고 나만의 노하우가 생긴다. 소위 말하는 감이라는 것도 생긴다. 처음에는 아파트 분양권 위주로 투자를 하였다. 초기 투자 자금 10%와 대출을 이용해 투자를 하게 되었다. 다른 부동산 투자보다 분양권이 안전하고 신경 쓸 것이 많지 않다는 판단에서였다. 부동산 규제가 심하지 않았을 땐 여러 개의 분양권에 투자하고 가지고도 있었다. 주로 경기 지역 역세권 아파트에 투자하였다. 많을 때는 아파트가 열 채까지 되었다.

처음에는 겁도 나고 많이 망설였지만 한번 행동하고 투자해보니 백 번 공부하고 생각하는 것보다 한 번의 용기 있는 실천이 부동산 투자에 대해 많이 알게 된 계기가 되었다. 누군가는 투자할 돈도 없는데 어떻게 부동산에 관심을 갖느냐고 할 수도 있다. 그러나 돈을 버는 흐름만 제대로 파악한다면 소액으로도 얼마든지 부동산 투자를 할 수 있다. 우리 집 경제 사정에 맞게 시세 차익으로 접근해 수익을 남겼다. 남편의 소득으로 어느 정도 생활할 수 있기에 시세 차익으로 접근하였다. 부동산에 꾸준한 관심과 노력을 기울인다면 풍요로운 생활을 누릴 수 있다.

아직도 부동산에 투자에 대해 배울 것이 많은 초보이지만 주변에 친구들이나 지인들은 나에게 부동산에 대해 조언을 구한다. 그러면 내가 아는 선에선 내가 겪고 부딪혀서 깨닫고 알게 된 것들을 알려준다. 그러면 처음 투자하는 친구들은 전문가보다 내가 하는 말이 더 알아듣기 쉽다며 고마워한다. 전문가는 아니지만 내가 겪으며 알아듣지 못해 힘들었던 걸 초보자들의 입장에서 설명하고 주부들의 눈높이에 맞게 설명해주니 쉽게 알아듣는 것이다.

친구들은 나를 통해 투자를 하고 돈을 벌었다고 고맙게 생각한다. 친구가 돈을 버니 나도 역시 기분이 좋다. 지금은 좋은 투자처가 있으면 정보를 공유하고 같이 임장도 다니고 있다. 나는 여러 종류의 부동산을 가지고 있다. 지식산업센터, 오피스텔, 생활형 숙박시설, 땅, 아파트, 아파트 분양권 등 여러 곳에 투자하였다. 아파트 분양권에 투자해 가장 많은 수익을 거두었다.

사람들은 내가 부동산업을 하는 줄 안다. 그러나 나도 가정 살림만 한 전업주부이고 아직 배울 게 많은 초보이다. 모든 일이 그렇듯 처음에는 관심이 없었지만 부동산 투자를 해보니 돈도 생기고 여유가 생기다 보니 더욱 관심을 가지게 된 것이다. 요즘 경기 불황으로 서민들의 걱정이 날로 늘어가고 있다는 기사를 자주 본다. 나 역시 학생인 세 아이와 외벌이

가정이다 보니 노후를 대비해 좀 더 뭔가를 해야 된다는 생각을 많이 한다.

정년퇴직 후의 노후를 대비해야 된다. 치열한 경쟁 사회에서 내 돈의 값어치를 높여야 한다. 그러기 위해선 매달 내가 움직이지 않아도 월급처럼 돈을 받을 수 있는 시스템을 마련해놓고 싶다. 아파트나 부동산의 시세 차익은 물론이고 매달 월급처럼 돈을 받을 수 있는 수익 구조를 만들려고 노력하고 있다.

나는 현재 역세권에 5개의 아파트와 생활형 숙박시설, 오피스, 땅을 가지고 있다. 아파트는 엄청난 수익률이다. 생활형 숙박시설과 오피스는 부동산 규제로 인해 대출이 자유로워 선택하게 되었지만 뜻하지 않게 초기 비용이 얼마 들지 않고도 매달 돈이 나온다. 나는 앞으로 평생 월급을 받을 수 있는 수익형 부동산으로 늘릴 계획이다. 그리고 토지를 매입해 토지에 수익형 부동산을 지을 계획이다. 노후를 대비해 수익형 부동산을 점점 더 늘려서 평생 월급처럼 나올 수 있는 구조를 만들어가고 싶다. 내가 잠자는 동안에도 돈이 들어올 수 있는 구조인 파이프라인을 만들어놓으란 말이 있다.

저금리 시대에 적극적인 재테크 없이는 단순히 월급 가지고는 평생 일해야 할지도 모른다. 부동산 투자를 시작하면서 예전보다는 여유 있는 삶을 살 수 있게 되었다. 주부도 조금만 관심을 가지면 얼마든지 작은 투자부터 범위를 늘려갈 수 있는 여유가 생긴다. 이제는 아파트가 아닌 땅, 수익형 부동산에 관심을 가지고 공부하고 있다. 주부들도 나만의 투자로 월급처럼 돈을 받을 수 있는 새로운 수익 구조를 만들어보도록 하자. 우리도 할 수 있다는 자신감을 가져보자.

8

지식과 경험 노하우를 담은 인생 책을 써라

책을 쓰기°시작한 것은 우연이었다. 하루는 오래간만에 부천에 사는 재테크에 관심이 많은 혜화 동생에게 시흥에 놀러 가자고 하였다. 지인이 편의점 여러 개를 운영하고 있었다. 재테크로 부동산만 했던 나는 새로운 수익 구조를 만드는 데 관심을 가지고 있었다.

남편의 월급 외에 월급처럼 수입이 있으면 좋겠다는 생각에 부천에서 부동산을 하는 혜화에게 전화를 걸었다. 우리 바람도 쐴 겸 시흥에 사는 지인이 운영하는 편의점에 한번 가보자고 하였다. 오래간만에 얼굴도 보고, 바람도 쐴 겸 놀다 오자고 했다.

우리는 부천에서 만나 시흥 편의점으로 향했다. 편의점 운영에 관해 이것저것 듣고 유명하다는 맛집에서 점심을 먹었다. 이런저런 수다를 떨었다. 점심을 먹으면서 부동산 공부를 할 때 알게 된 출판사를 하던 동희 씨가 생각났다. 자연스럽게 책에 관해 이야기를 하게 된 것이다. 동희 씨는 나이는 젊지만 엄청 긍정적이고 성격도 좋고 배울 점이 많은 사람이었다. 우리 딸이 꼭 닮았으면 좋겠다는 생각을 하였다. 알고 보니 그 동희 씨가 워닝북스 대표님이다. 혜화가 갑자기 "언니, 우리도 책을 한번 써볼까?" 하고 제안을 하였다. 혜화가 처음에 책을 써보자고 말했을 땐 "나 같은 사람이 책을 쓸 수가 있어?", "특별하고 유명한 사람들이 쓰는 것 아니야?"라고 말하였다.

책을 쓴다는 것은 특별하고 대단한 사람들이 쓴다고 생각했다. 아님 글쓰기를 아주 잘하는 사람이 쓰는 것이라고 생각했다. 혜화와 나는 부동산 세미나에서 만났다. 그때 같이 알게 된 출판사를 하는 동희 씨에게 전화를 걸었다.

혜화는 지금은 너무 바쁘니 조금만 시간이 나면 자기만의 책을 써보고 싶다고 하였다. 나는 "그럼, 생각 난 김에 지금 써보지 그래? 미루면 아무것도 할 수 없어. 지금 당장 동희 씨에게 전화를 걸어보자." 하고 말하였다. 그러자 혜화는 "그럼 언니도 같이 써보자." 나보고 같이 써보자는 제안을 했다. 혜화는 블로그도 잘하고 글을 쓰는 재주가 있지만 난 너무나 글쓰기에는 재능이 없다고 생각했다. 책 쓰는 일은 딴 나라 사람 일이라고만 생각했었다.

그러나 마음 한편엔 무엇인가 모를 궁금증과 글을 써보고 싶은 마음은 있었던 것 같다. 단지 자신감이 없어 '내가 어떻게 책을 쓰냐'고, '글은 아주 특별히 재능 있는 사람의 몫'이라고 생각한 것이다. 글도 예체능처럼 자기만의 재능이 있는 사람들이 쓰는 것이라고 생각하였다. '글을 한 번도 안 써본 내가 어떻게 책을 쓸 수가 있을까.' 하고 '용기'가 나지 않았던 것이다. 혜화는 상담이라도 해보자고 했다.

출판사에 있는 동희 씨에게 전화를 걸었다. 제주도에서 세미나 중이라면서 나중에 다시 전화가 왔다. 아주 오랜만에 통화를 하였지만 무척 반가웠다. 동희 씨만의 무한 긍정의 목소리는 듣는 사람의 마음까지 행복하고 긍정적으로 만드는 아주 매력 있는 목소리이다. 동희 씨 목소리만 들어도 기분이 절로 좋아진다.

동희 씨는 책을 왜 써야 하는지, 누구에게나 쓸거리, 즉 콘텐츠가 있다고 했다. 다만 자신이 알고 있는 지식과 경험 등을 사소하게 생각하기 때문에 쓸거리가 안 된다고 생각하는 것뿐이라고 했다. "삶의 모든 순간이 글쓰기 재료라고 할 수 있어요. 그러니 아직 성공하지 않았다고 해서, 평범한 직장인이거나 가정주부라고 해서 책 쓰기를 포기해선 안 됩니다. 이렇게 생각해보세요. 그저 삶의 경험을 기록으로 남기는 작업이라고. 그 기록이 모이면 중요한 자료인 책이 됩니다."라면서 '자신이 글쓰기를 잘할 수 없다는 편견부터 깨라!'는 것이다. 그것을 깨지 못한다면 결코 독자에서 저자로 거듭날 수 없다고, 이는 달걀 껍데기를 깨지 못해 계란 프라이를 만들 수 없는 것과 다르지 않다고 했다.

책을 쓰는 데 문장력이 아주 뛰어날 필요가 없다. 평소 당신이 핸드폰 문자 메시지 글 쓰는 정도의 실력이라면 충분히 한 권의 책을 쓸 수 있다고 했다. 걱정은 버리고 확신과 믿음으로, 새로운 기회로 인생 2막을 만들어보자고 하였다. 그날 당장 책 쓰기 과정을 등록하고 일일 특강을 신청하였다.

그리고 보니 동희 씨는 2017년 처음 만났을 때부터 너무나 믿음이 갔고 왠지 좋은 일이 생길 것 같은 느낌이 들었다. 보이지 않는 끌림이 있었던 모양이었다. 우리 딸에게도 동희 씨의 긍정적이고 멋진 모습을 종종 이야기한다. 호칭이 어색해서 처음 만났을 때 호칭을 부르고 있지만 권동희 씨는 〈위닝북스〉 출판사 대표님이시다. 이렇게 좋은 인연을 만나 책쓰기 코칭계 1위인 김태광 코치님에게 책 쓰기 지도가 시작되었다. 권동희 〈위닝북스〉 대표님의 남편인 〈한책협〉 김태광 대표 코치님에게 '책 쓰기 과정'을 들으면서 내가 가야 할 길에 대한 확신이 생겼고 책을 왜 써야만 되는지를 알 수 있게 되었다.

나는 역시 운이 좋다. 책 쓰기 과정을 배우는 곳이 수도 없이 많다고 한다. 나는 권동희 〈위닝북스〉 대표님의 남편인 책 쓰기 최고의 코치님을 만났다. 책 쓰기의 1인자라고 한다. 책 쓰기와 거리가 먼 삶을 살고 있었던 전업주부인 내가 이렇게 글을 쓸 수 있었던 것도 김태광 대표님만의, 〈한책협〉의 시스템이 있었기에 가능하였다.

몇 달이 걸리고 몇 년이 걸려도 책 한 권 분량의 원고를 완성하지 못하는 경우도 많다고 한다. 처음에는 어떻게 책을 써야 하는지도 모르고 막막하고 답답하기만 했다. 하지만 하나씩 배워 나가면서 자신감이 생겼고 지금은 당당히 책을 쓰고 있다. 학창 시절에 책은 좋아했지만 글을 잘 쓰거나 많이 써보지 않았던 것 같다. 대학에 들어가서는 산업디자인을 전공하다 보니 그림을 그리고 작품을 만들기는 했어도 글을 쓰는 경우는 편지가 전부였다. 새하얀 도화지에 밑그림과 다양한 색을 하나하나씩 공간을 채워나가듯 모니터와 키보드를 꺼내어 글을 하나씩 모니터라는 하얀 공간에 글을 채워나간다. 책 쓰기는 권동희 〈위닝북스〉 대표님과의 인연으로 한 치의 망설임도 없이 시작하게 되었다. 2022년은 나에게 행운의 해인 것 같다. 책을 쓰기 전에는 '내가 어떻게 책을 쓰지?', '글을 써 본 적이 없는 내가 과연 책을 쓸 수 있을까?' 스스로 의심을 하였다. 책을 써나가면서 내 안의 나를 만날 수 있었다. 내 이름으로 된 책이 나온다. 내 이름으로 된 책을 갖는다는 것은 참으로 가슴 설레는 일이다.

처음에는 어려웠지만 지금은 일상생활 외의 시간과 에너지를 책쓰기에 몰입한다. 자신의 삶을 성공으로 바꾸는 데 가장 좋은 일이 책 쓰기라고 생각한다. 김태광 대표 코치님은 성공해서 책을 쓰는 것이 아니라 책을 써야만 성공할 수 있다고 하였다. 책 쓰기를 통해 성취감을 맛볼 수 있다. 글로서 내 생각을 정리하고 일상의 나의 이야기, 처음이라 쓰다가 잘 써지지 않을 땐 그만두고 싶을 때도 있지만 글을 잘 쓰질 때의 즐거움이 더욱 좋다.

자신의 인생을 소중하고 가치 있게 만드는 것이 책을 쓰는 것이라고 한다. 여러분도 용기를 내서 지식과 경험 노하우를 담은 나만의 인생 책을 한번 써보시길 바란다.

9

배움에 투자하는 것을 멈추지 마라

끊임없이 배우고 노력해야 된다. 우리가 평생 끊임없이 이어가야 할 일이 있다면 그것은 바로 배움이다. 누구나 나이에 상관이 없이 의지만 있으면 마음껏 배울 수 있는 세상이다. 배움은 사람을 더욱 성장시킨다. 배움을 절대 멈추어서는 안 된다.

간단하고 소소한 것이라도 하고 싶고 배우고 싶은 것들이 있으면 배움에 투자하여보자. 예를 들어, 예전부터 하고 싶은 공부나 취미가 있다면 지금 당장 배움에 투자해보는 것이다. 요즈음은 온라인으로도 수강할 수 있는 강의들이 아주 많아 쉽게 배울 수 있다. 내가 좋아하는 일을 하려면 일이든 취미이든 관련된 것들에 대해 배워야 하며, 그 배움에 대한 투자는 아끼지 말아야 한다고 생각한다.

자기 인생의 가치를 높이는 의미 있는 배움이라면 시간과 비용 그이상의 투자가 필요하다고 생각한다. 오늘 배우지 아니하고 내일이 있다고 말하지 말자. 올해 배우지 아니하고 내년이 있다고 말하지 말라.

웨이슈잉 작가의 『하버드 새벽 4시 반』에서는 세상에서 가장 리스크 적은 생산은 배움이라고 했다.

"지식은 가장 안전한 재산이다. 지식은 금보다 귀하다. 금으로도 살 수 없기 때문이다."

지금 시대는 나이에 상관없이 평생 교육의 시대이다. 이제 배움은 선택이 아니라 필수인 시대이다. 유튜브를 통해서도 수영, 노래, 각종음악, 악기 다루는 법 등을 다양하게 배울 수 있다. 수영만 해도 난 수영장에 가서 강습으로 배웠지만 시간이 부족한 남편은 유튜브를 통해 기술을 익혔다. 강습을 통해 배운 나보다 수영을 더 잘하였다.

처음에는 '배우려면 체계적으로 배워야지, 저렇게 배워서 하겠어?' 하고 믿지 않고 '좀 배우다가 그만두겠지.' 속으로 생각하였다. 그런데 수영을 같이 해보니 전문 강사에게 배운 나보다도 훨씬 잘하였다. 배움은 마음먹기에 따라 유튜브를 보고서도 얼마든지 할 수 있는 것이었다. 수영, 인라인, 기타, 여러 가지를 유튜브 통해 배워 남편은 즐기고 있다.

각종 유료 교육 사이트뿐만 아니라 유튜브를 통해서도 무료로 양질의 정보를 마음만 있다면 내 것으로 만들 수 있다. 유튜브를 통해서도 전문가 못지않게 악기를 다루는 사람들도 많이 보았다. 코로나 시대에 오프라인 수업이 힘들어지자 대학생이 된 아들과 딸이 온라인 강의 줌(ZOOM)으로 수업을 대체하였다.

줌으로 강의를 듣는 것도 해보지 않았을 때는 겁먹고 어려울 것 같다는 생각에 엄마는 못 할 것 같다고 하였다. 아이들이 해보면 아무것도 아니라고 줌 사용법을 알려주었다. 온라인 소통 도구인 줌 사용법을 습득하고 책 쓰는 법 온라인 강의를 시작하였다.

나 역시 다양한 매체를 통해서 필요한 정보를 습득하고 내 일에 응용해본다. 요즈음은 아침 일찍 딸아이와 같이 나온다. 딸은 꿈을 이루기 위해 학원으로 가서 배우고 나는 도서관 오픈과 동시에 도서관으로 향해 읽지 못한 다양한 책을 보고 하루를 보낸다. 경험해보지 못한 다양한 책들을 읽고 내 생각을 정리해보는 시간을 가진다.

요즘은 이처럼 마음만 있다면 무엇이든지 배울 수 있는 통로가 여기저기 활짝 열려 있다. 끊임없이 배워야 하는 시대에 살고 있는 것 같다. 배우는 삶이 좋다. 무언가를 배우러 다니고, 내가 몰랐던 것을 듣고, 새로운 것을 알아가다 보면 나의 삶도 좀 더 풍성해지는 것 같다. 배움은 스스로 성장하는 즐거움을 주기도 한다.

매일매일 시간과 노력을 투자하여 배움을 삶의 일부로 받아들이자. 스스로 성장할 수 있는 배움에 투자하자. 배움에는 나이가 없다. 이제 70 후반이신 어머님은 지금도 뭔가를 배우고 계신다. 60대에 운전면허증을 따시고, 요양보호사 자격증을 따시고, 일을 다니시다가 지금은 포도 작물을 배우셔서 포도에 대해 공부하시고 농사를 지어 돈도 버신다. 일이 있어 너무나 행복하시다고 하신다. 책을 보고 뭔가를 배우기를 즐겨 하신 습관 덕분에 지금까지도 열심히 공부하시고 일하신다. 보통 나이가 들면 현재에 안주하게 된다. 노후 대책도 다 해놓으시고 열심히 사셨지만 배운다는 자체가 기쁨이라고 하셨다. 열정을 쏟으며 몰입하는 기쁨이 있다고 하셨다.

이처럼 배움에는 나이가 없다. 언제든지 마음만 있으면 늦은 나이란 없는 것이다. 나 역시 얼마 전에 새로 배우기 시작한 골프와 책 쓰기가 있다. 처음에는 늦은 나이가 아닌가 하고 많이 망설였지만 시작이 반이라고 시작하길 잘했다는 생각이 든다. 배움에는 나이가 없다. 하고자 하는 마음만 있으면 누구나 가능하다.

반기문 유엔 사무총장은 자신의 저서에서 "잘 때는 꿈을 꾸지만 공부할 때는 꿈을 이룬다. 공부할 때의 고통은 잠깐이지만 못 배운 고통은 평생 간다. 공부는 원하는 것을 이룰 수 있는 마법이다. 공부해라. 인생이 네가 원하는 스토리로 바뀔 것이다."라고 했다. 성공한 인생을 살기 위해서는 그에 맞는 대가를 지불해야 한다.

인생의 주인공이 되어 빛나는 사람이 되길 원한다면 가장 먼저 자신에게 투자하고 공부하자. 기회는 준비된 자에게 찾아온다.

4장

이왕이면

즐겁게 행복하게

살고 싶다

1

꿈꾸기엔 늦은 나이란 없다

나는 가끔씩 내 나이를 잊어버린다. 책 쓰기에 도전한다고 선포할 때도 반응이 두 가지였다. "오십 중반의 나이에 대단하다.", "아직도 열정이 남았나봐?", "난 만사가 귀찮은 것 같아." 친하게 지내던 미라 언니는 이 나이에 대단하다고 하였다.

남편은 또 쓸데없는 데다 에너지를 쏟는다고 못마땅하게 생각하는 것 같았다. 내가 포기하지 않고 열심히 하니 지금은 조용히 응원을 해준다. 집안일도 조금씩 도와준다. 지금은 조금씩 도와주고 응원해주지만 처음에는 영 좋지 않은 반응이었다. 책 쓰기를 다 끝내고 나면 하고 싶고 도전하고 싶은 일들이 많다. 하고 싶은 일들이 자꾸만 늘어난다.

세 아이를 키우느라 30년 가까이 가족 위주의 삶을 살다 보니 내가 하고 싶은 꿈을 저 깊은 곳에 묻어놓고 꺼내지 못하고 살아왔나 보다. 아름답고 예쁘던 결혼 전 몸으로도 만들어보고 싶다. 운동으로 다져진 예쁘고 건강한 몸으로 인생 2막을 살고 싶다. 살을 빼고 나면 보디 프로필을 찍고 싶다. 책 쓰기를 하면서 짬짬이 운동을 하고 있다. 책 쓰기를 하다가 생각이 잘 안 떠오를 때는 걷기를 하면서 운동을 한다. 새벽 시간에는 공부를 하고 낮 시간에는 몸 가꾸기를 해보아야겠다. 요즈음은 엘리베이터 대신 계단을 이용한다.

여러 가지에 집중을 하지 못하는 나는 이제 조금 더 부지런해지기로 마음먹었다. 새벽 시간에 일찍 일어나는 것으로 루틴을 바꾸어서 시간 활용을 최대한 늘려야겠다고 생각했다. 경제적, 시간적 자유를 늘리기 위해 관심 있는 부동산 공부에 많이 전념하고 싶다. 예전에는 50대는 너무 나이가 많고 젊었을 때 꾸었던 꿈들마저 마무리해야 하는 나이라고 생각했었다. 지금에 이루고 보니 시간적 여유가 많은 지금이 꿈꾸기에는 가장 좋은 나이라고 생각한다. 가족을 위한 삶을 살 때도 보람 있고 행복하였다. 그러나 온전히 나의 꿈을 향해서 나만의 시간을 보내는 일은 뭐라 말할 수 없는 행복이 따른다.

얼마 전 스타 강사이자 작가인 김미경 강사 유튜브 영상을 보았다. 김미경 강사는 "나이 많다고 기죽지 말고 너무 늦은 건 아닐까 걱정하지 말고, 내가 해낼 수 있을까 의심하지 말고, 열정과 꿈으로 한걸음씩 나아가라. 아무것도 안 하는 것보다는 무조건 뭐라도 해보는 것이 낫다. 작은 시도가 어떤 도전과 결과로 이어질지는 직접 겪어보지 않으면 모른다"고 했다.

김미경 강사의 말처럼 나이는 아무런 문제가 되지 않는다. 작은 것이라도 행동하고 실천하는 것이 중요하다. 글로벌 스타 강사가 되겠다는 신념 하나로 오십이 넘은 나이에 공부해서 실제로 미국 스탠퍼드대학에서 영어만 사용하여 학생들, 교수들 앞에서 강의를 했다. 그런 모습을 보니 대단하다고 느꼈다. 또한 패션을 공부하기 위해 늦은 나이에 밀라노에 가서 직접 경험하고 공부하고 패션쇼를 열었다. 편안하고 안일한 삶을 뒤로 한 채 꿈을 찾아 늦은 나이에 도전하고 성취해나가는 그녀가 아름답기까지 하다.

그녀에게 나이는 아무런 걸림돌이 되지 않는다. 그녀의 모습에 나 또한 느끼는 바가 크다. 60대가 다 되어가는 그녀는 또 다른 세상인 메타버스, NFT에 관해 공부하고 앞서가고 경영을 위해 피나는 노력으로 새로운 꿈을 만들어가는 그녀는 청춘이다.

아무리 젊은 사람이라도 꿈을 꾸지 않는다면 노인에 불과하고 반면에 아무리 나이가 들어도 꿈을 꾼다면 푸른 청춘이라고 말할 수 있다. 김미경 강사는 30년 가까이 생계를 위해 유지했던 강사라는 직업에 여러 차례 위기가 있을 때마다 다양한 방식으로 위기를 극복하고 견디어왔다.

무언가를 해야겠다는 생각이 있으면 행동한다. 어떻게 하면 그것을 이룰까 고민하며 조금씩 도전한다. 그러다 보면 길이 보이고 자신만의 노하우가 생긴다. 생각이 행동으로 이어진다는 특징이 있다. 우리는 언젠가는 해야지 하고 미루면서 시작을 하지 않는다. 우리는 '할까? 말까? 실패하면 어쩌지?' 하는 생각에 수없이 고민하고 생각만 하고 행동으로는 잘 옮기지 않는다. 못 할 것이라고 지레 겁먹고, 두려워하고, 걱정부터 한다. 사람들은 무한한 능력을 가지고 있다. 하지만 사람들은 자신이 갖고 있는 능력을 실제로 사용해보지도 못한 채 끝내버리는 경우도 많다. 지금이라도 늦지 않았다.

아인슈타인은 생전 뇌의 10% 정도만 활용했다고 한다. 그가 존경받는 것은 뇌의 10%나 써서가 아니다. 뇌의 10%를 한 가지에 집중했기 때문이다. 대부분의 사람들은 자기 자신을 과소평가하고 있다. 우리 역시 살면서 발휘하는 능력은 겨우 3%에 불과하다고 한다. 나머지 97%는 내면에 잠재된 채 능력은 빛을 보지 못하고 사라지고 만다. 한계라는 것을 본인 스스로가 정하고 '이 정도면 충분하다'고 스스로 마음속으로 정한 것이다. 자기 자신을 믿고 아직 발휘하지 못한 97%의 능력을 펼쳐보는 것이다. 자신이 정한 한계를 깨어 부수고 할 수 있다는 자신감을 가져야 할 것이다. 믿는 만큼 이루어진다.

이범기의 『한 톨의 지혜』에서는 역사상 위대한 업적을 남긴 사람들은 극심한 고통을 만나 풍성한 열매를 맺었다고 말한다. 존 버니언은 감옥에서 『천로역정』을 썼고, 파스퇴르는 반신불수 상태에서 면역체를 개발했다. 청각장애자였던 에디슨은 축음기를 발명했고, 지체장애인이었던 프랭클린 루즈벨트는 미국의 대통령이 되었다.

우리 주변에도 늦은 나이에 꿈에 도전하고 행복한 인생을 다시 살아가는 사람들이 많다. 나이는 숫자에 불과했다. 예전에 방영된 청춘 합창단을 두고 한 말이다. 청춘 합창단의 오디션 장면은 감동적인 무대였다. 전국에서 3,000명이 지원했고, 오디션 심사를 통해 40명의 합창단원이 뽑혔다. 평균나이는 62세, 언뜻 나이만 보면 청춘이라는 이름과 어울리지 않는다. 그러나 탁월한 노래 실력과 간직한 꿈으로 보자며 청춘 그 자체였다. 70대와 80대에도 꿈을 포기하지 않았다. 새로운 중년기를 맞아 삶의 무게 때문에 잊혀졌거나 억눌린 꿈을 찾아 나섰다는 뉴스를 본 적이 있다.

저명한 사회학자 윌리엄 새들러는 인생 주기를 4단계의 연령기로 구분했다. 그는 20년 동안 새로운 중년기에 들어선 사람들을 연구했다. 이 기간에 많은 사람들이 다시 인생을 설계하고 있다는 사실을 발견했다. 학습과 성장 노력을 통해 노화를 늦추고 자기실현을 추구해나갔다. 그는 새로운 중년기는 50세부터 75세 또는 80세까지 해당되고 성취의 시기라고 설명했다. 계속 배울 수 있고, 성장하는 시간으로 파악했다. 한결같이 늘어난 중년기로 인해 자기실현의 기회를 얻고, 또 다른 도전을 준비하고 있다. 새로운 분야의 커리어를 갖기 위해 배우는 사람도 늘고 있다.

나이를 먹어도 자신의 자아를 찾아 산다는 것은 자기 자신을 축복하는 일이다. 나이에 상관없이 꿈에 도전하는 삶을 살아가는 사람이 청춘이라고 말할 수 있다. 하루하루 자신을 위해 열정을 다하는 삶이야말로 늙지 않는 청춘이라 말할 수 있다. 마음만 먹으면 자신이 하고 싶은 일을 얼마든지 할 수 있다. 다만 자신이 열의를 갖지 않아 못 하는 것뿐이다. 나 역

오십이 지나도 재미있게 살고 싶다

시 가족 위주로 살다 보니 시간적 경제적 여유가 없었다.

50대에 들어서니 내가 하고 싶은 것, 이루고 싶은 것을 할 수 있어 너무나 감사하고 행복하다. 새로운 기술과 지식을 배울 수 있는 충분한 시간이 있다. 인생 후반에도 자신의 의지에 따라 살 수 있다. 인생의 후반기 삶을 즐겁고 행복하게 자신의 꿈을 한 번 더 펼쳐보자.

2

취미와 건강은 필수다

현대인들은 바쁘게 생활하다 보면 놓치는 것이 있다. 바로 취미와 건강이다. 특히 중년의 나이가 되면 건강에 대해 더욱 신경을 써야 된다. 살아가면서 아무리 바쁘고 힘든 순간이 찾아온다고 할지라도 건강관리에 신경을 써야 한다. 바쁘다는 이유로 건강관리에 신경 쓰지 못하는 경우가 대부분이다.

나이든 사람들이 가장 첫 번째로 중요하게 생각할 것이 건강관리이다. "건강한 육체에 건강한 정신이 깃든다."라는 말이 있듯이 건강을 잃으면 모든 것을 잃게 된다고 한다. 건강하고 아름다운 몸이 거저 생기는 줄 알고 젊었을 때는 앞만 보고 살아간다. 건강도 행복도 매 순간 쌓아 나가는 것이다.

　　나 또한 육아로 지치고 힘들 땐 모든 걸 잊고 싶어 먹는 걸로 스트레스를 풀었던 것 같다. 먹고 나서 아무런 생각도 하고 싶지 않아 잠만 잤다. 건강하지 못한 방법으로 내 몸을 혹사시킨 것이다. 내 감정을 다스리지 못해 엄청난 스트레스에 시달렸다. 갑상선에 이상이 생겨 지금도 약을 복용하고 있다. 그때 관리하지 못하여 아직도 비만과의 전쟁을 벌이고 있다. 나뿐만 아니라 많은 사람들이 살과의 전쟁을 벌이고 있지만 한 번 망가져 버린 몸을 되돌리려면 엄청난 고통이 따르는 것 같다.

　　열심히 걷고 운동해도 다이어트에 성공하는 사람들이 많지 않다. 건강은 건강할 때 지켜야한다. 한번 망가지면 돌이키기가 너무나 힘이 든다. 그렇다고 이마저도 노력하지 않는다면 살이 더 많이 찔 것이고 건강도 더욱더 나빠질 것이다. 지금은 하루 1시간 운동은 필수로 하고 있다. 그 결과 살도 많이 빠지고 중년의 나이인데도 다른 성인병은 하나도 생기지 않았다. 그나마 다행스러운 일이다. 하루 1시간 운동뿐만이 아니라 자신감과 건강하고 아름다운 몸을 갖기 위해 보디 프로필에도 도전하고 싶은 마음도 가득하다. 나의 목표 중에 하나다.

TV와 인터넷에는 건강 관련 정보가 넘쳐난다. 중년이 되면 가장 신경 쓰는 것이 돈보다 건강이다. 아무리 돈이 많아도 건강하지 못하면 가난 하더라도 건강한 사람보다 못하다. 돈을 벌기 위해 건강을 해치고 나중 에는 건강을 얻기 위해 돈을 쓰는 어리석은 일이 없도록 하자. 열심히 사 는 것도 좋지만, 앞으로 살아가야 할 인생의 긴 여정을 좀 더 지혜롭게 살아가야 할 것이다.

건강할 때 건강한 삶을 위해 하루 30분이라도 운동하는 습관을 들여보 자. 건강을 잃으면 모든 것을 잃는다는 말이 있다. 건강관리를 잘해 멋진 인생을 살아가자. 대부분의 운동이 그렇듯이 시작은 건강을 위해 한다. 그러나 시간이 지날수록 운동 자체에서 얻는 즐거움이 커지기 마련이다.

나 역시 처음 살을 빼기 위해 수영을 시작했지만, 지금은 수영이 너무 나 즐거운 취미 생활이 되었다. 수영을 하고 나서의 상쾌함은 이루 말할 수가 없다. 젊어서도 좋은 운동이지만 나이에 상관없이 즐길 수 있는 운 동이다.

관절에 부담을 주지 않아 수영장에 가면 연세 드신 분들도 많이 볼 수 있다. 수영은 평생 즐길 수 있는 운동이다. 수영을 배워두길 잘했단 생 각이 든다. 즐겁게 취미로도 즐길 수 있고 건강까지 챙길 수 있으니 말이다. 수영은 건강뿐만 아니라 열량 소모량이 높아 체중 감량과 몸매 관리에도 도움이 많이 된다. 물속에서 수영하다 보면 온갖 잡생각이 사라지고 스트레스가 풀린다. 시간이 맞는 자유 시간에 가서 1시간씩 물속에서 놀고 온다는 생각으로 운동을 한다. 건강도 챙기고 취미 생활도 할 수 있어 행복하다.

요즈음은 새로운 취미를 배우고 있다. 물속에서 하는 운동도 좋지만 맑은 공기와 자연을 접하고 싶다는 생각에 골프를 배워야겠다는 생각을 했다. 너무 무리하지 않고 쉬엄쉬엄 배우고 있다. 친한 친구가 골프도 너무 좋은 취미이자 운동이라며 해볼 것을 권유하기도 했다. 골프에 대해 아직 잘 모르지만 인공적으로 가꾼 자연공간을 라운딩하며 걷는 모습이 낭만적으로 보인다. 서양 속담에 "지팡이 짚을 힘만 남아 있으면 골프를 하라"는 말이 있다. 필드를 걸으며 자연 속에서 동반자들과 대화를 나누면서 즐기면서 운동을 하고 싶은 것이 골프를 하는 이유이기도 하다. 골프에 있어서 중요한 것은 승패가 아니라 자신과의 싸움을 어떻게 극복하느냐이다. 골프를 하루면 배울 수 있지만 달인이 되려면 한평생 걸린다고 한다.

시간이 있고 여유가 있을 때 배워서 익히고 싶다. 운동도 하나의 적금이라고 생각한다. 돈만을 적금하고 늘리기보다는 즐겁게 살아가기 위해선 취미와 건강도 적금들 듯이 인생의 자산을 늘리는 것이라고 생각한다. 건강과 취미 생활도 아주 중요하다.

나이가 들수록 필요한 것이 취미와 건강, 약간의 경제적 여유와 친구라고 생각한다. 어느 것 하나라도 부족하면 중년 이후의 생활이 즐거운 것이 되기 어렵다. 돈과 건강은 이미 많은 사람들이 노후 대책으로 준비하고 있고 준비할 필요가 있다는 생각을 가지고 있다.

취미와 친구는 하루아침에 만들어지지 않는다. 나이가 들수록 취미와 친구는 돈과 건강 못지않게 중요하다. 나이가 들면서 친구가 많았던 사람도 교류하던 친구의 범위가 좁아진다. 취미를 통해서 여유로운 시간을 즐기고 마음이 맞는 사람들과 친하게 지내고 친목을 다질 수 있다.

자신의 자질과 능력에 맞는 취미를 한두 가지 선택해 즐기는 것이 중요하다. 좋은 취미와 여가활동이 분명 제2의 인생을 멋있고 건강하게 살아가는 데 긍정적적인 영향을 줄 것이다. 몸이 건강해야 마음도 건강하고 마음과 몸이 건강하면 자연적으로 긍정적인 에너지가 생길 것이다. 우선 자신에게 맞는 것을 찾기 위해서는 시도해보는 것이 중요하다.

헬스든, 수영이든, 그림이든, 악기든 생각만 해보았던 것을 시작하여 실천하여보자. 나이가 들수록 운동은 정말 꾸준히 해야겠다는 생각이 든다. 몸이 건강해야 정신이 맑아지기 때문이다. 운동을 하지 않고 있다면 자신에게 맞는 운동과 취미를 찾아보는 것은 어떨까? 나의 건강과 인간관계 속에서 즐거움이 삶의 활력소가 되어줄 것이다.

학창 시절에 그림을 그리기 위해 화실을 다녔다. 그림도 다시 그려보고 싶다. 가족 위주의 삶 속에서 시간적 경제적 여유가 되지 않아 꽁꽁 마음속에 숨겨 놓았던 해보고 싶은 취미들, 하나씩 하나씩 꺼내어 다시 펼쳐보고 싶다.

삶이 무료하거나, 일상이 버거운 사람들에게 취미를 권해보고 싶다. 실수해도 괜찮고 잘하지 않아도 괜찮다. 그저 마음속 저 깊은 곳에 숨겨 놓았던 하고 싶은 것들을 찾아 시도해보자.

3

성취할 때마다 스스로 칭찬하라

    자신을 믿는 것이 나에게 힘을 주는 근원이자 가장 큰 삶의 활력소가 된다. 모든 건 괜찮아질 거라고 믿는 순간부터 모든 게 좋아지기 시작할 거다. 자기 자신에게 따뜻한 응원을 보내야 할 필요가 있다. 삶의 주인공이 되어 하루하루의 인생을 즐기면서 행복한 하루하루를 살아보도록 하자.

    나의 버킷리스트 중 하나는 100억 벌기이다. 나의 목표가 100억 벌기라고 하니 남편을 비롯해 사람들은 쓸데없는 소리를 한다고 웃어 넘기거나 이르지 못할 거라고 말했다. 나는 꼭 벌 수 있을 것이라고 생각했다. 말이 씨가 되듯이 점점 이루어나가고 있다. 어느덧 반 정도는 이루어진 것 같다. 매일 나는 할 수 있을 거라 생각하고 계획하였다.

늦어도 10년 안에 이룰 수 있을 거라는 계획을 세웠다. 그러나 10년도 안 걸리고 좀 더 빠른 시일내로 앞당길 수 있을 것 같다. 이제는 사람들도 가정주부가 대단하다고 말해준다.

"가정주부가 너무 대단해." 하고 친구들이 말하면, 나는 "운이 좋아서 투자에 성공한 거야."라고 말했다. "운이 좋아도 어떻게 투자하는 것마다 손해를 보지 않아?", "이건 실력이야."라고 친구들이 말할 때도 있다. 처음에는 별거 아니라고, 누구라도 할 수 있는 일이라 생각했다. 누구나 다 할 수 있다고 말하였다. 가만히 생각해보니 지금은 내가 생각해도 운도 따랐지만 너무 잘했다고 나 스스로 칭찬을 하곤 한다.

경제 관련 공부를 매일 조금씩 한 일은 작은 일이었지만 꾸준히 하는 것이 쉽지는 않았다. 지금은 습관이 되어서 힘들지 않지만 귀찮은 일이었기도 하였다. 내 스스로가 생각해도 공부하고 행동으로 실천 하는 것은 정말 잘한 일 중에 하나였다. 전업주부 특성상 행동 범위가 좁다. 만나는 사람들도 다양하지가 않고 거의 동네에서 생활하기 때문이다. 더욱 새로운 곳이 낯설고 마음먹고 행동하지 않으면 너무나 힘이 든다. 결혼과 동시에 사회생활을 하지 않은 나에겐 더욱 그렇다.

부동산을 알아보기 위해 낯선 곳을 갈 때 같이 동행할 사람이 없을 때는 겁도 났다. 혼자 가기가 너무 힘들었다. 용기를 내서 전철을 타고 부동산을 찾아 공부하고 다녔다. 지금 생각해도 스스로에게 칭찬을 보내고 싶다. 용기 내어 잘했다고. 나의 장점은 생각만 하지 않고 행동하고 실천에 옮기는 일이다. 처음에는 두렵고 힘들지만 계속하다 보면 자신감이 생긴다.

지금은 아침형 인간으로 삶의 루틴을 바꾸는 중이다. 시간을 지배할 줄 아는 사람은 인생을 지배할 줄 아는 사람이라고 했다. 성공한 사람들의 삶을 배우고 싶은 생각에서다. 남들은 '나이 들어서 편하게 살지, 열정이 아직도 남았냐'고 한다. 하지만 이제껏 나아닌 가족 위주의 삶에서 나를 위한 삶을 살아간다는 것이 너무 좋다.

세 아이를 키우느라 바쁘게는 살아왔지만 나 자신을 생각하고 나를 위한 삶을 살지는 못한 것 같다. 아이들이 성인이 되니 어느덧 50대 중반이 다 되어간다. 그동안 나를 위해 어떻게 살아야 되는 줄도 모른 채 아무런 자극도 받지 못한 채 내 나름대로는 열심히 살아왔다. 하지만 나의 의식

오십이 지나도 재미있게 살고 싶다

은 깨어 있지 못하였다.

이번에 글을 쓰게 되면서 좋고 훌륭한 책들을 많이 접하게 되었다. 내 삶의 주변에선 비슷한 사람들끼리 비슷한 대화를 하고 비슷한 수준으로 살아간다. 하지만 책 속에선 나와 다른 생각을 가진 사람, 성공한 사람들을 만날 수 있었다. 나 자신이 낮은 의식으로 삶을 살아왔다는 것을 깨달았다.

나의 능력은 무궁무진한데 여기까지밖에 안 된다고 스스로 한계를 긋고 살아온 것이다. 지금까지의 삶도 나름 최선을 다해 살아왔기에 내 스스로가 대견하고 뿌듯하다. 나에게 칭찬을 보낸다. 칭찬의 중요성을 모르는 사람들은 없을 것이다. 하지만 스스로에게 칭찬은 인색하다.

특히 자신이 생각해놓은 목표나 꿈을 성취하였을 때는 스스로를 칭찬하여 보자. 다른 사람을 칭찬하는 것도 중요하지만 무언가를 성취할 때마다 자기 자신을 칭찬할 줄 아는 것도 매우 중요하다. 자기 자신을 칭찬한다는 것은 곧 자기 자신을 인정한다는 의미이며, 자기 자신에 대한 만족도를 높여 자신감 있는 삶을 살 수 있게 해주기 때문이다. 앞으로 더욱더 높은 의식으로 살아가고자 노력하는 나 자신을 칭찬해주고 싶다. 열심히 살아줘서 대단하고 고맙다고.

데일 카네기의 저서 『칭찬의 힘』이라는 책에서 이런 이야기가 나온다. 런던에 작가를 지망하는 한 청년이 있었다. 그에게 유리한 조건이라고는 하나도 없었다. 정규 교육이라고는 총 4년밖에 받지 못한 그는, 부친이 빚 때문에 교도소에 들어가 있어서 하루 세 끼를 때우기 힘들 정도로 가난하게 살았다. 그러다가 그는 겨우 직업을 하나 얻었다. 쥐 굴같이 음침한 창고 속에서 구두약통에 상표를 붙이는 일이었다. 밤이면 초라한 지붕 밑의 다락방에서 두 소년과 함께 새우잠을 잤다. 그 두 소년은 빈민가의 부랑아였다.

그는 작품을 쓰긴 썼지만 자신이 없었기 때문에, 혹시 누가 보면 비웃을까 봐 사람들이 모두 잠든 다음에 자리에서 빠져나와 그의 처녀작을 우송했다. 계속해서 작품을 보내왔지만, 전부 반송되어 왔다. 그러나 드디어 그에게도 기념할 만한 날이 다가왔다. 작품 하나가 빛을 보게 되었던 것이다. 원고료는 한 푼도 못 받았으나 그는 편집자에게 칭찬의 말을 들었다. 드디어 인정을 받았던 것이다.

그는 너무나 감격하여 흘러내리는 눈물을 닦으려 하지도 않고 거리를 돌아다녔다. 그리고 자기 작품이 활자화되어서 세상에 나온다는 사실이 그의 생애에 큰 변화를 가져왔다. 만약 칭찬이 없었다면 그는 일생을 그 어두침침한 창고 속에서 보냈을지도 모른다. 이 소년은 다름 아닌 찰스

디킨스였던 것이다.

"칭찬은 고래도 춤추게 한다"는 말처럼 칭찬을 싫어하는 사람은 없다. 말 한마디로 거대한 고래도 춤추게 할 수 있을 정도로 힘이 있다는 뜻이다. 누군가에게 칭찬을 받았을 때 어떤 기분이 들었는지, 안 좋은 기분보다 좋은 기분이 더 많았을 것이다. 칭찬을 통해 해낼 수 있는 자신감도 생기고, 다음에도 잘할 수 있는 자신감도 생긴다.

나이가 들수록 칭찬 받을 일이 없어진다. 부동산 투자할 때 성과가 좋았을 때도 운이 좋았을 뿐이라고, 자격증에 도전해서 합격했을 때 많은 노력을 했음에도 "누구나 다 딸 수 있는 거야."라고 말하곤 하였다. 오피스텔 분양할 때도 계약이 많이 나오면 "운이 좋아서야."라고 말했다. 이젠 비록 작은 일일지라도 나 스스로에게 아낌없이 칭찬해야겠다.

부동산 투자하기 위해 많은 임장을 다녔다고, 많은 경제 공부를 했다고, 오피스텔 분양을 위해 지역 분석이나 고객 응대에 대해 많은 노력을 한 결과라고, 운도 실력 중에 하나라고 나 자신에게 칭찬해주었다.

내 스스로를 인정해주고 칭찬해주니 즐겁고 행복하다. 자신을 칭찬하는 습관이 몸에 배면 자기 자신이 점점 더 좋아진다. 조그마한 일이라도 성취하면 스스로를 칭찬해보자.

스스로를 아주 좋아한다고 자신 있게 말할 수 있는 사람에게는 단풍이 곱게 물들 듯이 중년의 아름다움이 기다리고 있을 것이다. 당신도 이제는 사소한 것 하나라도 스스로를 칭찬하는 습관을 가졌으면 좋겠다.

4

긍정은 삶을 바꾸는 가장 큰 힘이다

살다 보면 인생은 마음대로 되지 않을 때가 참 많다. 늘 부정적으로 생각하고 불평불만을 달고 사는 사람이 있는가 하면 언제나 기분 좋고 에너지가 흘러넘치는 사람이 있다.

부정적인 사람은 처음부터 안 되는 이유를 찾지만 긍정적인 사람은 가능성을 찾는다. 낙관적이고 합리적으로 생각하는 사람은 좋은 결과를 가져온다.

이범기의 저서 『한 톨의 지혜』에서 영국의 존 메이어 수상의 이야기가 나온다. 그는 가난한 가정에서 태어났다고 한다. 그는 16세에 학교를 중퇴했고, 가족을 부양하기 위해 일해야 했다. 새벽부터 일하고 토스트로 아침 식사를 했다고 한다.

그는 나중에 은행 임원, 정치가로서의 성공한 후에도 그는 서민층이 밀집된 지역에 있는 식당을 잘 갔다고 한다. 수상이 된 후에 그는 기자들로부터 '어려웠던 시간을 어떻게 극복하셨습니까?' 하는 질문에 이렇게 대답했다고 한다.

"나는 그 어떤 상황에서도 비관적인 생각을 갖지 않았습니다. 항상 마음속에 희망을 갖고 일하면 부정적인 생각이 사라집니다. 하늘은 표정이 밝고 긍정적인 사고를 가진 사람에게 복을 내려줍니다."

사람의 얼굴은 마음의 거울이다. 사람이 멀리 생각하는 혜안이 없으면 근심이 따른다. 자신의 불행을 자꾸만 한탄하고 스스로 학대하면 어둠의 늪으로 빠져들 수밖에 없다.

결혼 전 친한 동생 중에 데이트를 하면 항상 자신감을 잃고 의기소침해하는 동생이 있었다.

남자 친구와 데이트를 하면 오래 사귀지 못하고 헤어졌다. 내가 볼 때는 귀엽고 일도 잘하고 머리도 좋고 성격도 예의 바르고 좋았다. 데이트를 하고 온 동생은 "좀 더 예뻤으면 남자 친구가 더 좋아할 텐데.", "좀 더 날씬했으면." 하고 자기 자신이 아닌 다른 사람이 가지고 있는 것을 부러워하였다.

그런 동생이 안타까워 "동생아, 넌 너무 예쁘고 귀여워.", "자신감을 가져.", "아니야, 언니 난 입술이 너무 두껍고 예쁘지 않아서 그런 것 같아." 하고 입술 탓을 하더니 입술 성형을 하고 온 것이었다.

입술 줄이는 성형을 하였다. 그때는 성형을 많이 하지 않았을 때라 용감하게 성형을 하고 온지라 적잖게 놀랐다. 그 뒤에도 소개팅을 나가도 실패하고 애인이 생겨도 차이기 일쑤였다. 자신을 한심하게 여기고 자신감도 없는 데다 항상 주눅이 들어 있었다.

그 동생은 '미인'이 아니면 사랑받지 못한다는 부정적인 생각을 가지고 있었던 것 같다. 있는 그대로 자신을 사랑하고 긍정적인 면을 많이 보았으면 충분히 사랑받고 사랑하고 예쁜 데이트를 하였을 텐데 너무나 안타까워 보였다. 능력도 있고 마음씨도 착한 동생인데 말이다.

너무나 유명한 『미라클 모닝』의 저자인 할 엘로드는 스무 살 나이에 음

주운전을 하던 대형트럭과 정면으로 충돌했으며 6분간 사망했으며 죽지 않은 것이 기적이라 할 만큼 열한 군데의 골절과 영구적인 뇌 손상을 입었다.

의사는 다시는 걸을 수 없다는 말까지 할 정도로 심각한 상황에 빠졌다. 의식을 차렸을 때 그는 병실에 누워 있었다. 아무것도 스스로 할 수 없게 된 본인의 신체를 인지하게 되었을 때 과연 어떤 생각을 하게 되었을까?

현실을 부정하고, 자신을 이렇게 만든 운명을 저주하고 싶었을 것이다. 하지만 그는 현실을 부정하지 않기로 한다. 아니 현실을 그대로 받아들이기로 한다. 교통사고는 스스로 통제할 수 없는 일이었고 이미 일어난 일들은 되돌릴 수 없기 때문이다.

다른 사람들이 극복하거나 성취한 것들은 우리 역시 그 어떤 것이라 할지라도 가능하다는 아주 당연한 증거라는 사실을 받아들여야 한다. 그리고 그 시작은 삶에 대한 책임이 나에게 있음을 인정하고 다른 사람들 탓을 그만두는 것이다.

삶의 모든 것에 대해 당연히 책임을 인정하는 만큼, 딱 그만큼 당신 삶을 바꾸거나 창조할 수 있는 힘을 얻을 수 있다. 우리가 원하는 삶을 창조할 수 있는 사람이 되기 위해 자기계발에 매일 시간을 투자하지 않으면 안 된다는 깨달음을 얻게 되었다.

이렇게 『미라클 모닝』은 탄생하게 된 것이다. 교통사고를 당했더라도 좌절하지 않고 있는 그대로 받아들이고 긍정적인 마음으로 미국 최고의 자기 계발 전문가로 다시 태어난 것이다.

내가 부동산에 투자할 때도 마찬가지였다. 많이 공부하고 발품을 팔아서 내 나름대로 괜찮은 물건이라고 생각했다. K언니와 C동생이 있었다. 언니랑 동생에게 "좋은 아파트 분양하는 곳이 있어.", "내 생각에는 괜찮을 것 같은데.", "한번 가보자."라고 하였다.

C동생은 혼자 살지만 여유도 있고 돈도 있었다. 투자하면 힘든 일을 하는 것보다 여유 있게 살 것 같아서 같이 가보자고 했다. 긍정적인 언니는 "놀면 뭐하니? 우리 구경이라도 가보자."라며 같이 가보자고 했다. 부정적인 동생은 심심하다면서 같이 따라는 왔지만, 썩 내켜하는 것 같지 않았다.

모델 하우스를 구경하면서도 자제가 엉망이라느니, 이런데 누가 사냐면서 계속 궁시렁 궁시렁거리면서 따라다녔다. 부동산은 입지가 중요하고 다른 가치가 있다고 해도 듣는 둥 마는 둥 하였다.

언니랑 나랑은 설명을 듣고 하나씩 계약을 하고 왔다. 돈도 소액으로 들었고 투자 가치도 상당한 것 같았다. 분양을 받고 한번 전세를 주고 나니 부동산 자산 가치가 엄청나게 올랐다. 그 K언니는 너 덕분에 자산 가치가 많이 늘어 고맙다고 너무나 기뻐하며 조그마한 선물도 주었다. 나 역시 그건 긍정적인 언니의 복이라고 하며 덩달아 기분이 좋아졌다.

부정적인 C동생에게 어느 날 전화가 왔다. 분양하는 새 아파트 있으면 알아봐 달라는 것이었다. 그때 좀만 긍정적으로 이야기를 들었으면 좋았을 걸 하고 후회를 하는 것이었다. 모든 걸 의심부터 하고 부정적인 마음으로 대하는 걸 알고는 있지만 잘 안 되는 모양이다. 아니면 습관인지도 모른다.

그 동생과 같이 지내다 보면 나 역시 하루가 피곤하다. 점점 만남의 횟수가 줄어든다. 나뿐만 아니라 모임에서도 C동생과 같이 있으면 에너지가 고갈되는 것 같다고 한다. 같은 상황인데도 어쩜 그렇게 생각하는 것이 다르고 행동이 다른지 모르겠다. 부정적인 사람에게는 행운도 멀어지

고 긍정적인 사람에겐 운도 따르는 것 같다. 아무리 힘들더라도 긍정적

으로 생각하는 습관을 들여야 할 것이다. 긍정은 삶을 바꾸는 가장 큰 힘

이기 때문이다.

5

엄마의 인생, 신이 주신 최고의 선물이다

임신을 한 몇 개월은 여자의 인생에서 가장 큰 경험을 하는 시기이다. 45kg이던 몸무게가 거의 100kg 가까이 늘었다. 체질이 갑자기 변하여 갔다. 몸무게가 많이 나갔지만 전혀 개의치 않았다. 날씬하고 아름답던 몸보다 아기의 건강 상태와 아기의 안전한 출산에 집중하였기 때문이다. 나 자신이 그 어느 때보다 아름답게 느껴졌다. 발이 퉁퉁 부어 커다란 슬리퍼를 신고 다니고 옷은 맞지 않아 겨우 구해 입었다.

밤마다 다리 통증에 시달리고 추위를 많이 타던 내가 더위 때문에 잠을 못 이루었다. 입덧으로 인해 과일만 먹었다. 먹고 싶은 것이 많았는데, 막상 먹고 나면 토하기 일쑤였다. 큰아이를 가졌을 땐 참 예민하고 우울한 기분이 들었다. 몸이 순식간에 내 몸이 아닌 다른 사람의 몸이 되어버린 것 같았다.

별것 아닌 일로 부부싸움도 하고 시어른들도 미워했던 것 같다. 하지만 첫아이를 출산했을 때는 살아오면서 인생의 제일 큰 기쁨을 맛보았다.

아기를 처음 본 순간을 지금도 잊을 수가 없다. 글을 쓰는 지금도 그때 아기를 안은 순간을 생각하니 가슴이 벅차오른다. 그 기쁨은 말로는 표현할 수가 없었다. 영화나 드라마의 대사 중에 너무 기뻐서 가슴이 부풀어 터질 것만 같다는 대사가 있다. 가슴이 터질 것만 같은 그 기분을 느낄 수 있었다. 가슴이 벅차오르는 감격으로 터질 것만 같은 환희를 느꼈다.

내가 살아오면서 가장 기뻤던 순간이다. 기쁨의 눈물이 앞을 가렸다. 이 느낌은 평생 무엇으로도 표현할 수가 없을 것 같다. 정말 어떻게 나의 몸에서 아기천사라는 생명체가 태어날 수 있을까? 너무 신기하고 감사했다.

아기가 태어나는 순간 엄마도 태어난다. 엄마는 전에 존재하지 않았다. 여자는 존재했지만 엄마는 아니었다. 엄마는 전혀 새로운 존재다.

― 오쇼 라즈니쉬

옛날 하늘나라에 곧 지상으로 내려가게 될 아기가 있었다. 아기가 하느님께 물었다.

"하느님께서 내일 저를 지상으로 보내실 거라는 얘기를 들었어요. 이렇게 작고 무능한 아기로 태어나서 저보고 어떻게 살라고 그러시는 거예요?"

"그래서 너를 위한 천사 한 명을 준비해두었지. 그 천사가 너를 돌봐줄 거란다."

"하지만 전 여기서 노래하고 웃으며 행복하게 지냈는걸요."

"지상에서는 네 천사가 널 위해 노래하고 미소지어줄 테니까 넌 천사의 사랑 속에 행복감을 느끼게 될 거란다."

"하지만 전 사람들의 말을 모르는데 그들이 하는 말을 어떻게 알아들을 수 있죠?"

"네 천사가 세상에서 가장 아름답고 감미로운 말로 너한테 얘기해줄 거란다. 그리고 인내심과 사랑으로 네게 말하는 걸 가르쳐줄 거야."

"그렇다고 해도 제가 하느님께 말하고 싶을 때는 어떡해요?"

"그럼 네 천사가 네 손을 잡고 어떻게 기도하면 되는지 알려줄 거야."

"지상에는 나쁜 사람도 많다던데 그들로부터 저 자신을 어떻게 보호하라는 말인가요?"

"네 천사가 목숨을 걸고서라도 너를 보호해줄 거야."

"하지만 하느님을 보지 못하면 너무 슬플 텐데요."

"네 천사가 나에 대해 얘기해주고 나한테 다시 돌아올 수 있는 방법을 가르쳐줄 거란다. 난 늘 네 곁에 있을 거지만 말이야."

그 순간 하늘이 평온해지면서 벌써 지상에서 목소리가 들려오기 시작했다.

"하느님, 제가 지금 떠나야 한다면 제 천사 이름이라도 좀 알려주시겠어요?"

"네 천사를 너는 엄마라고 부르게 될 거란다."

"신이 모든 곳에 존재할 수 없어 엄마를 내려 보냈다"는 누군가의 말처럼 천사 같은 엄마가 되도록 해야겠다는 마음이 든다. 엄마로 살아가는 지금, 내 인생은 그 어느 때보다 값지다는 생각이 든다.

임신중독 증상으로 인해 제왕절개를 해서 첫째 아들이 예정일보다 일주일이나 일찍 태어났다. 1년 뒤 돌 즈음 둘째 아이를 가지고 두 살 터울의 딸도 태어났다. 네 살 터울의 막내까지 다 제왕절개로 낳았다. 나의 아픔보다도 아이의 건강을 먼저 생각하게 된다. 두 살 터울의 아이와 막내까지 키우기가 너무나 힘이 들었다. 엄마가 되는 것은 커다란 기쁨을 가져다주지만 힘들고 피곤함과 슬픔과 인내심도 가져야 한다. 아기를 독립적인 인격체로 성장하도록 도와주는 것처럼 힘든 일도 없었다.

키우는 과장에서 부족하고 무지했던 적도 많았던 것 같다. 남편은 바빴고 잘 키워보겠다고 부단히도 노력하였지만 지나고 보니 부족했던 점이 많았던 것 같았다. 아기는 나에게 기쁨을 주었고 행복을 알 수 있게 해주었다. 다른 누군가에게는 베풀지 못하고 이해타산을 따지던 내가 아이는 나의 모든 것을 오롯이 다 줄 수 있는 존재이기도 하다.

엄마가 되고서 진정한 사랑의 의미를 알게 되었다. 하루는 아기를 데리고 친정집에 갔다. 나의 온 신경은 자면서도 아기에게 집중되어 있었나 보다. 결혼 전이나 학교 다닐 때는 잠이 많아 깨워도 잘 일어나지 못했다. 아기의 조그만 울음소리만 들려도 본능적으로 잠에서 깬다. "앵" 한 번의 울음소리에도 벌떡 일어나니 친정엄마가 신기하다고 말씀하셨다. 어쩜 잠꾸러기가 한 번의 울음소리에도 벌떡 일어날 수 있냐며 신기하다고 하셨다.

아이를 키우며 아이들만 성장하는 것이 아니다. 엄마인 나도 같이 성장한다. 엄마가 아이들을 지켜보는 것처럼 아이들도 엄마인 나의 행동 하나하나를 지켜본다. 나의 말투, 나의 행동 하나하나를 따라 한다. 나의 어릴 때 꿈에는 엄마가 되는 것은 포함되지 않았다. 어쩌다 보니 엄마가 되어 있었다. 엄마라는 이름, 그 무엇과도 바꿀 수 없는 이름이다. 나의 아이들은 삶의 원동력이자 내가 힘이 들 때든 기쁠 때든 항상 살아가는 첫 번째 이유가 되었다. 지금은 성인이 된 아이들이지만 서로를 의지할 때도 있고 서로의 의견이 안 맞을 때도 종종 있다. 이제는 부모 품에서 떠나야 할 때이다.

자식들과 사이는 좋지만 아이들 없이 살아가는 연습을 하고 있다. 마음으로부터 독립을 준비해야 된다. 이제부터는 나를 가꾸고 아끼는 연습을 해야 한다. 먼저 스스로를 사랑할 줄 아는 사람이 남에게 사랑받고 남도 사랑할 줄 아는 사람이다. 엄마가 행복해야 아이도 행복하다.

한 아이를 두고 두 여자가 서로 자기 아이라고 싸웠다. 솔로몬 왕이 그러면 그 아이를 반으로 가져서 서로 나눠 가지라고 하였다. 한 여자는 그렇게 하겠다고 하였다.

다른 여자는 "아닙니다. 그렇게 할 필요가 없습니다."라고 말했다. 솔로몬 왕은 두 번째 여자가 아이의 어머니라고 판결하였다. 솔로몬 왕은 어머니의 모성애를 이용하여 정확한 재판을 하였다.

모성애는 세상의 모든 어머니들에게 한결같은 본능이다. 아이에게 이 세상의 모든 것을 주고 싶고, 주어도 아깝지 않다. 커다란 행복을 느낄 수 있었다.

아이를 낳고 길러봐야 어른이 된다는 말도 있다. 아이를 양육함으로 인해 배려, 희생, 기다림, 기쁨, 슬픔, 무수히 많은 것을 배웠다. 아이와 함께 어른으로 성장할 수 있었다. 엄마라는 이름은 상상할 수 없는 큰 축복이고 내가 한 일 중 가장 잘한 일이라고 생각한다. 나에게 엄마의 인생은 신이 주신 가장 '최고의 선물'이라고 생각한다.

6

나이 들수록 행복해지는 삶

나이 들수록 인생이 점점 재미있어진다. 50대인데도 마음만은 청춘인 것 같다. 얼굴은 푸석해지고 주름은 늘어만 가고 눈은 노화가 진행되어 돋보기를 써야 책을 볼 수 있다. 머리숱도 적어지고 체력도 딸린다. 갱년기가 오는지 얼굴이 화끈거리고 안면 홍조도 띤다. 이유 없이 화가 나거나 신경질적일 때도 있지만 그래도 난 지금이 좋다.

젊은지 나이 듦인지는 그 사람의 나이를 보는 게 아니다. 늙는다는 것은 새로운 것을 배우고 싶지 않을 때이다. 이미 나이 들었기 때문에 꿈을 포기하는 것이 아니라 꿈을 잊었기 때문에 나이가 드는 것이라고 했다.

나이 탓을 하며 새로운 일을 시작해보지도 않고 '이 나이에 공부해서 뭐하나?'라며 시도조차 하지 않는 사람들이 많다.

지금은 인생 100세 초고령화 시대이다. 50세는 아직 반밖에 살지 않은 젊은 나이에 든다. 하고 싶은 일을 나이 탓을 하며 시도조차 하지 않는다면 참으로 안타까운 일이다. 일단 무엇이든지 해보자는 마음으로 시작해보는 것도 좋은 방법이다. 과거는 지나갔고 미래는 아직 오지 않았다. 현재와 관련 없는 일은 걱정하지 않아도 된다. 하고자 하는 일이 생각나면 되든 되지 않든 행동으로 움직여본다.

아침형 루틴으로 바꾸기로 선언하고 나서 요즘은 5시에 기상을 하고 있다. 8시쯤 일어났지만 아침 기상 시간을 바꾸어보기로 하였다. 집중이 잘되는 아침 시간을 이용해 글을 쓴다든지 공부를 하고 있다. 처음에는 힘이 들고 졸음이 몰려왔지만 지금은 일어나자마자 양치질을 하고 세수를 하고 간단한 국민체조를 한다. 국민체조를 하다 보면 학교 다닐 때 추억도 생각나고 잠도 달아나고 건강해지는 기분이다. 안 하던 일에 도전해보고 실천해보니 즐겁고 행복하다. 3세트를 하는데 10분 조금 더 걸린다. 우연히 읽은 책에서 유명한 작가분이 글을 써야 되는데 시간이 부족해 간단하게 체력 보강을 위해 국민 체조를 한다고 했다.

시간이 없단 말은 핑계라고 하였다. 국민체조 하는 데 5분 정도밖에 걸리지 않는다고 했다.

시간은 누구에게나 24시간 공평하게 주어진다. 성공한 사람은 주어진 시간을 최대한 활용하기 위해 시간 활용을 잘하지만 그렇지 않은 사람은 항상 시간이 부족하다고 말한다. 5시에 일어나는 것이 습관화가 되면 4시로 도전해볼 것이다. 같은 24시간이지만 시간이 많아진 느낌이다.

하나의 일에 관심을 가지고 실천하다 보면 알고리즘에 의해 새롭게 나날이 더 발전되는 방법을 찾게 되는 것 같다. 무엇이든 세 번 생각하고 한 번 행동하는 것보다 한 번 생각하고 세 번 행동하는 것이 훨씬 중요하다. 망설이지 말고 행하는 것이 중요한 것 같다.

나이가 많다고 움츠리지 말자. 나 역시 혼자 전철을 못 탔을 정도로 겁이 많았다. 한번 도전하고 행동하기까지는 용기가 많이 필요하였다.

부동산을 알아보러 다닐 때 전철을 잘못 타서 집에 못 찾아올까 봐 겁을 먹을 정도였다. 큰아들이 지금도 말했다. "외국도 아니고 우리나라에서 뭔 걱정이냐"고. 그 정도로 겁이 많았고 경험하지 않은 새로운 일은 자신이 없었고 두려웠다. 사소한 것 하나라도 실천하고 성취하다 보니 즐기게 되고 용기가 생겼다. 관심 있고 하고픈 일이 있으면 요즘은 도전해본다.

책 쓰기, 골프 등 글쓰기가 끝나면 다른 하고 싶은 일이 있다면 이제는 겁내지 않고 도전해볼 것이다. 내 사업도 하고 싶고, 많은 책을 읽고 싶기도 하고, 부동산 공부도 좀 더 체계적으로 하고 싶다. 나이가 들수록 점점 더 나를 위해 배울 수 있고 할 것이 늘어난다는 것이 너무나 즐겁다. 나이가 들수록 점점 더 행복해지는 삶을 살아가고 있다.

라이언 홀리데이, 스티븐 핸슬먼 저서 『하루 10분 내 인생의 재발견』에서는 우리에게 두 가지 기본적인 과제가 있다고 말한다. 하나는 선량한 사람이 되는 것이고, 다른 하나는 자신이 사랑하는 일을 찾는 것이라는 것이다. 그러나 많은 사람들이 이 두 가지 과제 중 어느 하나도 성취하지 못한다고 한다. 책에서는 그 이유를 스토아 사상가들의 입을 빌려 말한다.

"잡념을 이끄는 것에, 감정을 파괴하는 것에, 그리고 외부의 압력에 굴복하기 때문이다."

아침에 5시에 눈을 뜨고 체조를 한다. 이러한 사소한 일도 나의 자긍심과 행복감을 준다. 나이가 들수록 주어진 시간들이 더욱 값지게 다가온다. 오래 사는 것이 바람직스러운가. 얼마 전 TV를 보았다. 철학자 김형석 교수는 1920년생이다. 한국 나이로 올해 103세이다. 100년을 살아온 김형석 교수에게 많은 사람이 장수의 비결을 묻는다. 100세에도 왕성한 집필과 강연을 펼치며 홀로 당당하게 살아가는 비결을 궁금해한다. 김형석 교수는 아직 매일 원고지에 집필하고 칼럼을 쓴다. 현재도 강연과 저술로 왕성한 활동을 이어가고 있다. 매일 일기도 쓰고 하루도 빠짐없이 수영을 하고 산책을 하신다.

김형석 교수의 『백년을 살아보니』에서는 "사람은 성장하는 동안은 늙지 않는다."라고 말한다. 정신적 성장과 인간적 성숙은 한계가 없다. 노력만 한다면 74세까지는 성장이 가능하다고 생각한다. 나 자신도 과거를 돌이켜보면 뒤늦게 발견한 인생의 교훈이 있다. 인생에서 50세에서 80세까지는 단절되지 않는 한 기간으로 보아야 한다는 생각이다. 50세부터는 80세가 되었을 때 나는 적어도 이러한 삶의 조각품을 완성해야 한다는 준비와 계획과 신념과 꾸준한 용기를 갖고, 제2의 마라톤을 달리는 각오로 재출발한다는 교훈이다. 인생은 늙어가는 것이 아니라 익어가는 것이라고. 돌이켜보면 힘든 과정이었지만, 사랑이 있는 고생이 행복이었다고. 그리고 고백한다. 그것을 깨닫는 데 90년이 걸렸다고.

오십부터 인생의 재출발을 위해 배우고 도전하는 즐거움이 있어 나이

들수록 삶이 즐겁고 행복해진다. 행복은 멀리 있지 않다. 오늘 하루하루 행복을 느끼며 살아가고 있다. 정신적 여유와 나 자신을 위해 계발할 수 있는 지금의 나이가 좋다. 나이가 들수록 시간적 여유가 많아 행복하고 즐겁다. 이처럼 행복은 항상 우리 곁에서 함께하고 있는 것이다.

7

나는 참 괜찮은 사람입니다

우리는 언제나 괜찮은 사람이 되고 싶어 한다. 지금 이대로도 괜찮다. 각각 개성이 뚜렷한 아이들이 엄마를 좋아한다. 비록 힘이 들 때도 있었지만 착하고 바르게 자라줘서 엄마를 따르는 것만으로 나는 참 괜찮은 사람이라고 생각한다.

아침에 일어나 운동하고, 책을 쓰며 부동산 공부를 하고 있다. 뭔가 거창하고 대단한 일을 하고 있지 않아도 노력을 하며 사소한 것을 성취하는 삶을 살아가는 것도 괜찮은 사람이라고 생각한다. 작은 일이라도 맡은 일에 최선을 다하며 살아가는 것도 괜찮은 삶이라고 생각한다.

오늘은 앞 동 사는 친구에게 전화를 걸었다. 코로나로 인해 직접 만나지 않는 대신 전화로 안부를 묻는다. 우리 집 막내 친구 엄마들 모임이다. 초등학교 갓 입학하고 만난 모임이니 15년이 다 되어간다. 나와 나이가 같아 친구로 지낸다. 그 친구는 머리가 똑똑하고 부지런하고 참 친절하게 사람을 대해서 참 좋다. 친구도 내가 좋다고 했다. 긍정적이며 착하고 대인 관계도 좋고 공부하는 모습이 참 괜찮은 친구라며 남편에게 나를 자랑했다고 한다.

기분이 나쁘지는 않았다. '정말 내가 괜찮은 사람일까?' 하고 생각해보았다. 결론은 나는 내가 좋다. 나답게 살고 있으니깐, 내가 생각해도 난 힘이 들 때도 포기하지 않고 노력하는 에너지가 있어 좋다. 내가 괜찮은 사람이기에 사람들과 친해질 수 있었고 좋은 사람들도 많이 만날 수 있었다.

사회는 성공한 사람만을 알아주지만, 부족하거나 남들과 달라도 있는 모습 그대로가 아름답다. 남의 시선과 편견에 맞추지 말자. 자기 스스로 자기를 사랑하고 아껴주며 나는 괜찮은 사람이라고 생각하자.

박진영의 『나, 지금 이대로 괜찮은 사람』라는 책에 삶의 의미감에 대해 연구하는 심리학자 로라 킹의 연구가 나온다. 그는 연구에서 일상에서 소소한 기쁨을 찾을 줄 아는 사람들이 그렇지 않은 사람들에 비해 더 자신의 삶이 충만하고 의미 있다고 느끼는 경향이 있다고 밝혔다.

내가 괜찮은 사람이라고 느끼는 감정들은 일상생활에서 흔히 할 수 있는 다양한 활동에서 느낄 수 있는 감정들이 나는 행복하고 내 삶 또한 의미가 있다는 느낌을 갖게 한다. 스스로 아끼고 존중하고 사랑하는 사람이 되어야 삶이 더욱 풍성해질 것이다.

아는 지인 중에 중년의 나이임에도 얼굴이나 겉모습은 참 괜찮았다. 보기에도 일도 잘하고 인상도 나쁘지는 않았다. 그러나 항상 부정적인 말을 입에 달고 살았다. "나는 노력해도 안 돼. 나는 이렇게 살다가 죽을 거야. 짜증 난다. 행복한 사람들은 포장하고 위선자들"이라고 한다. 내가 보기에는 참으로 괜찮은 환경에서 생활하는데 항상 자기는 괜찮지 않은 사람이라고 생각하는 것이었다.

왜 자기 자신을 못난 사람이라고 생각할까? 물론 사람은 다 부족한 부분이 있다. 그렇지만 자신이 가진 환경에서 노력하고 재밌게 살아가도록 하는 것이 중요하다고 생각한다. 주변에 자기 자신을 너무나 괜찮지 않은 사람이라고 생각하는 사람이 참 많다.

아는 동생 중에 손재주가 좋아 무엇이든지 뚝딱 만들고 정리 정돈을 잘하는 동생이 있다. 이 동생은 못 입는 옷을 집에서 수선해서 직접 옷을 고쳐 입는다. 집에 가서 보면 정리 정돈도 깔끔하게 해놓고 산다. 그런데 낮이고 밤이고 커튼을 쳐놓고 지내는 것이었다. "E야, 낮에는 커튼을 걷는 게 좋지 않을까?", "햇살이 들어오면 좋을 것 같아. 너무 답답하니까." 하고 말하였더니, 앞 동에서 자기 집이 보일까 봐 싫다는 것이었다. 앞 동과의 거리는 꽤 멀어 보일락 말락 할 거리였다.

하루는 "언니, 나 좀 따라가면 안 될까?" 중심 상가에 볼일이 있어 같이 가자는 것이었다. 왜냐고 물으니 사람들이 자기를 뚱뚱해서 쳐다보는 것 같다고 하였다. 볼일은 봐야 하는데 혼자서는 못 가겠다는 것이었다. "E야, 넌 참 괜찮은 사람이야. 배려할 줄 알고 손재주도 있고 살은 좀 쪘지만 보기 싫을 정도는 아니야."라고 하였다. 몸도 보기 싫지 않고 약간 통통한 편이었다. 괜찮은 사람이라고 말하였지만 믿지 않는 것 같았다.

나이가 들어도 자기 자신을 좋아하지 않으면 괜찮지 않은 사람이라고 생각하는 것 같다. 먼저 나를 괜찮은 사람이라고 생각하는 게 중요한 것 같다. 완벽하지 않아도 노력으로 채워나가는 나의 모습은 괜찮은 사람이지 않을까? 내가 하는 모든 것들은 결국 나를 위함이고 '내'가 주체가 되어야 한다고 생각한다. 끊임없이 부족한 것만 보고 자신이 잘하는 일은 과소평가 하면서 괴로워하는 사람들이 의외로 많다.

열심히 살아온 자신을 못난 사람이라고 생각하는 부정적인 생각으로 가득 차 있다. 늘 열등한 것에만 초점을 맞추어 살아가는 경우가 많다. 나 자신이 괜찮은 사람이라고 생각한다 한들 아무에게도 피해를 주지 않는다. 스스로가 못났다고 생각하지만 충분히 괜찮은 사람들이다. 모든 면이 잘나야 한다고 생각하면서 자신에게 모자란 부분이 있는 것을 견디지 못하는 것이다. 모든 걸 잘해야 된다는 생각은 버리고 지금 그대로의 나를 사랑하고 부족한 부분은 조금씩 채워 나가면 된다.

진정한 행복의 길은 있는 그대로의 나를 받아들이는 것에서 출발한다. 현재 자신의 처한 환경과 처한 상황을 탓하지 말고 더 나은 자신이 될 수 있다고 믿어보자. 지금 하고 있는 일을 사랑하고, 지금 이 순간을 사랑하고, 지금 나 있는 그대로를 사랑하자.

나 역시 가끔씩은 주변 사람들과 비교하면서 "난 왜 이렇게 살지?", "내 인생은 왜 이렇게 힘이 들까?" 스스로를 원망하고 탓하면서 산 적도 있었다. 이제는 난 참 괜찮은 사람이다. 스스로가 위로해보자. 자기 스스로가 자신을 위해 위로해주는 것도 더 큰 힘이 될 수도 있다.

주성완의 저서 『행복해지는 연습』에서는 말한다.

"우리의 뇌는 우리가 스스로 뱉은 말들을 타인의 말처럼 인식합니다. 말하는 것과 듣는 것이 서로 다른 경로를 통해 발생되기 때문입니다. 따라서 내 마음을 불편하게 만들고, 내 자존감에 상처를 주는 일들이 있다면 속으로 되뇌지 말고 입 밖으로 이렇게 계속 이야기하세요. '괜찮다, 다 괜찮다.' 타인의 위로보다 자신의 위로가 훨씬 더 큰 힘이 될 수 있습니다."

8

인연의 소중함에 감사함을 느껴본다

    누구나 후회 없는 삶을 살아가기 원하면서 후회를 하면서 살아간다. 오늘이 행복해야 내일의 행복이 찾아온다. 아는 지인이 있다. 사업하다 실패하고 아이 셋을 혼자 힘으로 대학까지 보내고 각자 사회의 일원으로 독립을 시켰다. '이제는 살 만하고 여유가 생기는구나.' 생각했는데 몸이 아파왔다. 아이를 키우고 일을 하느라 앞만 보고 살아왔다고 하였다. 사는 게 바쁘고 먹고 살기 힘들어 건강관리를 소홀히 하였다. 어느 날 어지럽고 다리에 힘이 풀려 급하게 병원을 찾았다고 한다. 뇌졸중 증상이었다. 팔다리에 마비 증상이 왔다. 재활 치료를 하면서 '이리 살아서 뭐 하나.' 하는 생각이 들었다. 창가 옆 병상에 누워 있는데 뛰어내리고 싶은 충동이 들었다고 한다.

다리가 마비되어 꼼짝도 할 수가 없었다. 그때 옆에 있던 재활 치료사가 그래도 다행이라면서 조금만 늦었다면 큰일 날 뻔하셨다고, 나쁜 생각하시지 말고 열심히 재활 치료하여야 한다고 큰 힘과 용기를 주셨다고 하였다. 열심히 치료하셔서 회복하신 분이 많다고 적극적으로 도와주셨다고 하셨다. '아, 그래도 참 감사하구나.', '가족도 아닌 타인도 나를 위해 노력해주는구나.', '늦지 않고 병원에 빨리 오게 되어 불행 중 다행이구나.'라고 느끼면서 지금 상태를 감사히 받아들였다. 지금은 재활 치료를 열심히 하여 정상적인 몸이 되어 생활하신다. 중년의 나이에 재활 치료사와 좋은 인연으로 만나 서로에게 없어서는 안 되는 좋은 친구로 지낸다고 하셨다.

지금은 일을 줄이고 운동을 하시면서 건강관리를 하신다. '감사하다'라고 받아들이는 순간 같은 일도 다르게 받아들일 수 있다. 감사의 말이 몸과 마음을 치유한다. 감사함에 나를 맡겨라. 감사하는 사람은 장수한다고 한다. 면역 세포가 100배 증가하는 것이라고 한다.

오래전 TV 〈힐링캠프〉에서 닉 부이치치라는 사람에 대해 방영하였다.

아직도 기억에 선명하다. 닉 부이치치는 '사지 없는 인생' 대표로서 두 팔과 두 다리가 없이 태어났다고 한다. 아버지는 "닉은 아름답다. 신이 우리를 도울 거다."라고, 실수로 태어난 게 아니라고 말하였다.

간호사였던 엄마가 그를 받아들이기까지는 4개월이란 시간이 걸렸다고 한다. 한동안 절망했다. 그는 열 살 때 친구들에게 심한 놀림과 괴롭힘을 당해 삶을 포기하려고 했다. 오랜 시간 동안 "누가 나랑 결혼하려고 하겠어?", "나는 직업을 못 가질 거야.", "나는 누구일까, 계속 이렇게 살아야 할까."라며 부정적인 생각으로 살아왔다고 한다.

하느님에게 팔다리가 생기게 해달라고 기도하던 중, 자신이 많은 이들에게 영감을 끼칠 수 있다는 사실을 깨닫고 마침내 비영리 단체인 'LIFE WITHOUT LIMBS(사지 없는 삶)'을 만들게 되었다. 세계인들에게 희망을 전하고 있다. 고난 속에서도 자신을 사랑해줄 소중한 아내를 만났다. 그는 한 여인의 남편이자 네 아이의 아빠가 되었고 진정으로 행복한 삶을 살고 있다. 어느 누구보다 밝고 활기찬 삶을 살고 있는 듯하다.

"우리는 언제 행복해질 수 있을까를 고민한다. 어떻게 팔다리가 없는 제가 행복할 수 있었을까? 그는 바로 가지지 못한 것들에 대해 화를 내지 않고 가진 것에 감사하기 때문"이라고 말한다.

인생의 여정에서는 좋았던 순간이 있으면 나빠지는 때도 온다. 많은 사람들은 돈이 많으면, 똑똑하면, 시험에 합격하면. 행복해질 거라고 생각하지만, 행복은 밖에서 찾는 게 아니다. 현재에 만족하며 항상 감사하게 살자. 팔다리가 있어도 불행하게 살아가는 사람이 많을 것이다. 감사하는 마음을 가진다면 모든 삶이 아름답게 보일 것이다.

내가 어렸을 때 지방에선 우리 집을 동네 사람들이 부잣집이라고 불렀다. 땅이 많고 커다란 대형트럭으로 운수업을 해서 그렇게 보였나 보다. 내가 느끼는 우리 집 삶은 가난하게 느꼈다. 고등학교에서 가정 형편을 조사하는 설문지가 있었다. 상, 중, 하에 체크를 해서 내는데 제일 못사는 하군에 체크를 해서 내니 아버지께서 물으셨다. "왜 못산다고 생각하냐?"

부모님은 항상 농사일로 바쁘셨다. 맨날 돈이 없다고 하셨고, 교육에도 관심이 없으며 문화적 혜택도 못 누리고 살고 있다면서 투덜거렸다. 할머니께서는 전기요금을 아끼신다고 밤에 전등도 안 켜셨다. 모든 걸 근검절약하며 사셨다. 전기세가 아까우셔서 TV 불빛으로 생활하셨다. 뭐 하나 낭비하는 일이 없으셨다. 간혹 할머니 때문에 내 시력이 나빠졌다고 불평도 하였다. 부지런과 알뜰함을 보며 자랐지만 나는 부지런하지도 알뜰하지도 않다.

국민학교 때 친척 남자애가 같은 반이었다. 그 집에 가면 피아노와 그 시절에는 잘 없던 소파와 가정교사도 있었다. 그 애는 옷도 잘 입고 다녔다. 어린 마음에 나도 저런 집에 살고 싶다고 생각하였다. 그 친척 집에만 갔다 오면 '저렇게 살아야지 부자지.'라며 부러워했던 것 같다. 비교에서 오는 불만이었다. 실제로 부모님이 돈이 없다고 하셔서 고등학교 이후로 거의 아르바이트로 용돈을 벌고 그 돈으로 생활을 하였다. 안 해본 아르바이트가 없었다.

그 덕분에 대인 관계에 필요한 사교성과 생활력은 기를 수 있었던 것 같았다. 어릴 때 우리 집은 대가족이었다. 조부모님, 부모님, 삼촌 두 분, 오빠 둘, 남동생 이렇게 대가족이 살았다. 삼촌 두 분은 아버지와 나이 차이가 열다섯 살 넘게 나셨다. 큰오빠와 나이 차가 별로 없었다. 그러니 살림을 아껴서 사는 것이 당연하였다. 아들 같은 동생에 늙으신 부모님에다가 실제로 아버지의 어깨가 무겁게 느껴지셨을 것 같다. 아버지를 생각하며 자상함과 애처로운 모습이 먼저 떠오른다. 아껴서 자식들을 좀 나눠주려고 그랬었나 보다. 난 물론 받은 유산이 없지만 말이다. 어릴 때는 북적이는 대가족인 것도 싫어했던 것 같다. 핵가족으로 오손도손 사는 친구 집이 부러웠다.

　지금 생각해보면 다 감사하고 소중한 가족들과의 시간들이었다. 대가족이고 외동딸이어서 사랑과 관심을 받고 사교성을 기를 수 있었으며 자립심도 기를 수 있었던 것 같다. 알게 모르게 돈의 소중함을 알고 돈의 중요성을 알게 되어 주부지만 돈에 관심도 가질 수 있었던 것 같다. 할머니, 할아버지의 무조건적인 사랑도 느낄 수가 있었다.

　부모님께선 항상 열심히 사시고 선하게만 살아오셨던 것 같다. 부모님에겐 성실함과 따뜻한 마음을 배울 수 있었다. 지금 생각해보면 참으로 감사하고 소중한 가족들의 사랑이었다. 우리가 느끼지 못하는 감사한 일들이 너무나 많다. 적당히 모자란 가운데 부족한 부분을 채우기 위해 노력하는 삶 속에 행복이 있다.

　『탈무드』는 "세상에서 가장 지혜로운 사람은 배우는 사람이고, 세상에서 가장 행복한 사람은 감사하는 사람"이라고 했다. 요한 볼프강 괴테는 "세상에서 가장 쓸모없는 인간은 감사할 줄 모르는 인간이다."라고 했다.

　나이가 들수록 지금까지 잘 살아올 수 있었던 이유도 주변 여러 사람의 도움이 있었기 때문이라는 생각이 많이 든다. 큰일이든, 작은 일이든, 우리 주변에는 감사할 만한 일이 넘쳐난다. 사람은 누구나 크고 작은 도움과 배려를 받으면서 살아왔을 것이다.

우리가 인식하지 못하며 누리는 수많은 것들을 당연하게 여길지 감사하게 여길지에 따라 우리의 삶도 달라진다. 감사하다는 마음이 많을수록 삶이 더욱 행복해지고 또 감사하다. 오늘 하루도 눈 뜰 수 있어 감사하고 숨 쉴 수 있음에 감사를 느낀다. 감사한 인연들에게 '감사하다'는 말을 할 수 있는 사람이 되자. 감사는 표현할 때 비로소 더 큰 힘을 발휘한다.

알게 모르게 받은 은혜들을 조금이라도 보답해야겠다는 생각이 드는 마음도 감사하다. 크든 작든 받은 것들을 이제는 좀 돌려줘야 할 때란 생각도 든다. 살아오면서 받아온 많은 사랑과 혜택, 소중한 인연들에게 항상 감사함을 느낀다.

이왕이면 즐겁게 행복하게 살고 싶다

내 인생의 주인공은 나이다. 한 번뿐인 인생 이왕이면 다홍치마라고 즐겁게 행복하게 살자.

행복하기 때문에 웃는 것이 아니라, 웃기 때문에 행복해진다는 말이 있듯이, 같은 시간, 같은 시대, 같은 세월을 보내면서 힘들어도 이왕이면 즐겁게 행복하게 살아가자.

똑같이 힘들어도 어떻게 받아들이냐에 따라 즐거움이 되기도 하고 고통만 남기도 한다. 과거에 잘 살았든, 공부를 잘하였든, 날씬하고 예뻤든, 지금이 그렇지 않다면 무슨 소용 있겠는가. 지금 하는 일에 만족하며 최선을 다해 즐겁게 살아가야 된다.

전업주부가 책을 쓴다는 것은 정말 새로운 경험이다. 처음에는 두렵고 무척 걱정되기도 하였다. '내가 무슨 글을 쓴다는 거지?', '말도 안 돼.' 몇 번이고 망설여지고 걱정이 되었다. 그렇지만 반대편 마음에서 '한번 도전해보자.'라는 생각도 들었다. 집에서 살림만 하던 전업주부도 할 이야기와 스토리는 많다고 생각했다.

처음에는 어떻게 글을 쓸지 막막하였다. 결혼과 동시에 가정에서 생활하다 보니 자신감이 떨어지고 컴퓨터 활용하는 일이며 다 익숙하지 않아 헤매곤 하였다. A4 용지의 100장 넘게 글을 쓴다는 것은 여간 어려운 일이 아니다. 온 에너지를 집중해야 한다. 글을 쓰다 보면 허리도 아프고 어깨 근육도 뭉치고 아팠다. 근육을 풀기 위해 체조를 간단히 해도 풀리지 않고 뻐근할 때가 많았다. 이럴 때마다 '괜히 시작한 것 아니야.', '그냥 살던 대로 살 걸.', '괜히 안 하던 짓을 해서 고생이야.' 불평불만일 때도 있었다.

잘 쓰지는 못했지만 글을 써 내려가면서 흰 여백을 채우고 한 꼭지 한 꼭지씩 완성될 때마다 왠지 모를 뿌듯한 쾌감이 느껴졌다. 그래, 이왕 쓰는 것 즐겁게 써나가자고 결심하게 되었다. 같은 글쓰기 작업인데도 이왕이면 즐겁게 행복하게 하다 보니 술술 써지는 것이었다. 어느새 마무리 단계에 다가오게 되었다.

열심히 글을 쓰니, 책 쓰는 것을 못마땅하게 생각했던 남편도 지금은 빨래널기와 간단한 청소는 도와준다. 같은 일이라도 이왕이면 즐겁고 행복하게 하다 보면 몇 배의 성과와 즐거움이 있다. 책 쓰기는 나에게 할 수 있다는, 무엇이든 할 수 있다는 자신감을 안겨주었다.

스스로가 생각해도 대단한 일이다. 책 쓰기가 내 이야기를 할 수 있는 통로, 내가 성장할 수 있는 계기가 되었다.

쟝사오형의 『마음의 속도를 늦춰라』에는 하버드대 행복학 명강의가 나온다.

"모든 사람이 완벽한 자신을 꿈꾸며 완벽을 향해 달려간다. 진짜로 완벽한 사람이 됐다고 치자. 완벽해진 후에도 과연 세상이 원래 그랬던 것처럼 아름답게 느껴질까? 자신의 불완전함을 담담히 직시하고, 자신을 있는 그대로 받아들이며, 자기 자신과 조화롭게 지내는 법을 배워야 한다. 그래야 진정한 내면의 평화를 얻을 수 있고, 자신의 부족함으로 말미암아 이 세상이 얼마나 아름다운지 깨달을 수 있다. 이것이 바로 행복의 시작점이다."

예전에 나는 낙천적이고 긍정적이라는 말을 들을 정도로 화를 잘 내지 않았던 사람이었다. 그런데 언제부터인가 성격이 급해지고 남 탓을 할 때도 있었다. 내 생각과 다르거나 내 뜻대로 되지 않을 때 불평을 쏟아 놓으며 남편이나 아이 탓으로 돌릴 때도 있다. 내가 능력이 부족해서라고, 해보지도 않고 포기하거나 겁내는 경우가 많았다.

책 쓰기라는 새로운 도전으로 할 수 있다는 자신감, 즐거움과 행복감을 느꼈다. 무슨 일이든 시작했다면 이왕이면 즐겁게 행복하게 하는 것이 중요하다. 불평불만을 가지고 있다면 같은 일이라도 더욱 힘들게 느껴질 것이다. 이번의 책 쓰기를 계기로 새로운 일에 하나씩 도전해보고 싶다.

아인슈타인은 "어제와 똑같이 살면서 다른 미래를 기대하는 건 정신병 초기 증세다."라고 말했다. 새로운 미래를 기대하고 있다면 오늘을 변화시켜야 한다. 두렵기 때문에 새로 시작하지 못하고 미루거나 시도조차 하지 않는 경우가 많다.

내가 부동산 투자를 할 때도 처음에는 두렵고 무서웠다. 관심 없는 남편에게 짜증도 내고 도와주지 않는다고 원망도 하였지만, 부동산 카페나 유튜브를 보면 남편이 적극적으로 반대해서 투자를 하고 싶었지만 못 했다고 하는 사람들이 많았다. 부동산 공부할 때도 적극적으론 도와주진 않았지만 반대는 없었기에 성과가 좋아 경제적으로 조금은 여유가 생겨서 즐겁다.

나답게 살면서 돈 버는 일에 더욱 집중하고 싶다. 전업주부가 여유가 없는데 나를 위해 돈을 쓴다는 것은 마음 한편으로 불편할 것이다.

50대 전업주부가 새로운 것을 받아들이고 습득하는 것은 쉬운 일이 아니다. 그러나 사회 흐름에서 뒤처지지 않기 위해 이제껏 시간이 없다는 핑계로 하지 않았던 블로그, 인스타그램도 다시 시작할 것이다. 앞으로의 세상이 펼쳐질 가상현실 세상인 메타버스, 즉 새로운 아바타가 연결되는 공간, 디지털 자산이 될 NFT에 대해서도 미리 공부해볼 것이다. 그동안 관심이 많았지만 하지 못했던 땅에 대한 공부도 해나갈 것이다. 이번에 책 쓰기를 통해 많은 책을 접하는 계기가 되었다. 세상의 변화에 맞춰 나를 변화시키는 법을 알아야 한다.

얼마 전 뉴스 기사에 당시 만 82세라는 최고령 앱 개발자가 화제가 됐다. 전직 은행원 출신으로 60세까지는 거의 컴퓨터를 사용할 줄 모르는 컴맹이었다. 『나이 들수록 인생이 점점 재미있어지네요』는 그의 60세 이후를 기록한 에세이다. 은퇴 후 컴퓨터를 배우기 시작하면서 그의 세계도 한껏 넓어졌다. 저자 마사코는 60세도, 80세도 여전히 배울 수 있고 성장할 수 있는 나이라며 나이 드는 것을 두려워하지 말라고 한다. 이처럼 나이는 아무런 문제가 되지 않는다. 무엇이든 배우고자 한다면 이왕이면 즐거운 마음으로 배워보자.

전업주부도 4차 산업혁명 시대를 기회로 삼았으면 좋겠다. 좋아하는 일을 하면서 돈까지 벌 수 있는 기회로 말이다. 즐겁게 행복하게 살면서 돈이 되는 공부도 많다는 것을 알게 되었다. 세상이 변화될 때 우리도 변화의 흐름에 따라 공부하고 변화를 시도해야 할 것이다.

주부인 우리도 가족을 위한 삶에서 나를 위한 삶으로의 방향도 찾고 꿈도 찾고 먹고살 길도 찾을 수 있게 말이다. '이 나이에 내가 할 수 있는 일이 있기나 할까?' 하는 낮은 자신감으로 의기소침하게 살아왔다. 하지만 하나하나, 차근차근 배우고자 하는 열정과 나를 사랑하는 용기, 실행력만 있으며 해나갈 수 있다고 생각한다.

똑같은 인생을 살면서 긍정적인 사람과 부정적인 사람들이 있다. 일이 잘 풀리고 성공하는 사람들을 살펴보면 긍정 마인드로 즐겁고 행복하게 자신의 일을 하는 사람들이다.

『백만장자 메신저』라는 책을 보면 누군가도 우리의 경험에서 자신이 찾던 답을 발견할 수 있고, 돈을 지불해서라도 그 정보를 얻으려 한다고 한다. 당신은 당신만의 인생 경험과 그 과정에서 얻은 지식이 있다. 그리고 그것을 토대로 다른 사람을 도울 수 있다. 사람들은 누구나 자신의 인생을 통해 누군가에게 나눔을 줄 수 있는 메신저가 될 수 있다고 한다.

이왕이면 즐겁게 행복하게 살면서 누군가에게 나눔을 줄 수 있는 메신저의 삶을 살아가고 싶다.